AUMENTE O PODER DO SEU SUBCONSCIENTE

PARA DESENVOLVER A AUTOCONFIANÇA E A AUTOESTIMA

DR. JOSEPH MURPHY
ORG. ARTHUR R. PELL, ph.D.

AUMENTE O PODER DO SEU SUBCONSCIENTE
PARA DESENVOLVER A AUTOCONFIANÇA E A AUTOESTIMA

Tradução
Evelyn Kay Massaro

1ª edição

Rio de Janeiro | 2021

CIP-BRASIL. CATALOGAÇÃO NA PUBLICAÇÃO
SINDICATO NACIONAL DOS EDITORES DE LIVROS, RJ

M96a   Murphy, Joseph, 1898-1981
Aumente o poder do seu subconsciente para desenvolver a autoconfiança
e a autoestima / Joseph Murphy ; organização Arthur R. Pell ; tradução
Evelyn Kay Massaro. - 1. ed. - Rio de Janeiro : BestSeller, 2021.

Tradução de: Maximize your potential through the power of your
subconscious mind to develop self-confidence and self-esteem
ISBN: 978-65-5712-185-6

1. Autoconfiança. 2. Autorrealização. 3. Sucesso. 4. Técnicas de autoajuda.
I. Pell, Arthur R. II. Massaro, Evelyn Kay. III. Título.

21-73027

CDD: 158.1
CDU: 159.942

Camila Donis Hartmann - Bibliotecária - CRB-7/6472

Texto revisado segundo o novo Acordo Ortográfico da Língua Portuguesa.

Título original:
*Maximize Your Potential Through the Power of Your Subconscious Mind to Develop
Self-confidence and Self-esteem*

One of a Series of Six New Books by Joseph Murphy, DD, Ph.D.
Edited and Updated for the 21st century by Arthur R. Pell, Ph.D.

Copyright © 2005 The James A. Boyer Revocable Trust.
Exclusive worldwide rights in all languages available only through JMW Group Inc.

Copyright da tradução © 2021 by Editora Best Seller Ltda.

Todos os direitos reservados. Proibida a reprodução,
no todo ou em parte, sem autorização prévia por escrito da editora,
sejam quais forem os meios empregados.

Direitos exclusivos de publicação em língua portuguesa para o Brasil
adquiridos pela Editora Best Seller Ltda.
Rua Argentina, 171, parte, São Cristóvão
Rio de Janeiro, RJ — 20921-380
que se reserva a propriedade literária desta tradução

Impresso no Brasil

ISBN 978-65-5712-185-6

Seja um leitor preferencial Record.
Cadastre-se no site www.record.com.br e receba informações
sobre nossos lançamentos e nossas promoções.

Atendimento e venda direta ao leitor
sac@record.com.br

Sumário

Introdução à série..7

Prefácio...23

Capítulo 1...29
Construindo a autoconfiança

Capítulo 2...39
Aprenda a se amar

Capítulo 3...57
O amor e uma nova autoimagem

Capítulo 4...83
Como desenvolver uma excelente personalidade

Capítulo 5... 101
Torne-se um incentivador

Capítulo 6..117
Há coisas que você não pode mudar

Capítulo 7..129
Aprendendo a dizer "sim" e "não" na vida

Capítulo 8..143
Como lidar com a injustiça

Capítulo 9..167
A cura da mágoa

Capítulo 10 ....**181**
Como lidar com pessoas difíceis

Capítulo 11 ....**207**
Fernão Capelo Gaivota: os paralelos com o pensamento científico

Capítulo 12 ....**227**
A religião e a servidão imposta à mulher

Introdução à série

Acorde e viva! Ninguém nasceu predestinado a ser infeliz, sofrer devido ao medo e à preocupação, viver com dificuldades financeiras, ter problemas de saúde e sentir-se inferior e rejeitado. Deus criou o ser humano segundo Sua própria semelhança e nos presenteou com o poder de vencer a adversidade e alcançar felicidade, harmonia, saúde e prosperidade.

O poder que enriquecerá sua vida reside em seu próprio interior e o método para utilizá-lo na obtenção de benefícios não é nenhum mistério insondável. Afinal, vem sendo ensinado, registrado e praticado há milênios, e pode ser encontrado nos livros dos antigos filósofos e das grandes religiões. Está nas Escrituras judaicas, no Novo Testamento dos cristãos, no Corão maometano, no Bhagavad Gītā dos hindus e nos textos de Confúcio e Lao Zi. Os teólogos e psicólogos contemporâneos já escreveram centenas de livros para nos ensinar a fazer o poder interior trabalhar em nosso benefício.

Essa é a base da filosofia de Joseph Murphy, um dos maiores e mais aclamados escritores e palestrantes do século XX. Ele não foi apenas um clérigo, mas também uma figura de destaque na moderna interpretação das escrituras e de outros escritos religiosos. Como ministro-diretor da Igreja da Ciência Divina, em Los Angeles, suas palestras e sermões eram assistidos por um grande número de pessoas, entre 1.300 e 1.500, a cada domingo. Milhares de ouvintes sintonizavam seu programa diário no rádio. Ele escreveu mais de trinta livros, dentre os quais, *O poder do subconsciente*, que, publicado pela primeira vez em 1963, tornou-se rapidamente um best-seller, ainda hoje considerado um dos melhores manuais de autoajuda já escritos. Milhões de exemplares foram e continuam sendo vendidos no mundo inteiro.

Devido ao enorme sucesso desse livro, Murphy foi convidado a proferir palestras em vários países e, nessas ocasiões, contava como pessoas comuns haviam conseguido melhorar suas vidas aplicando os princípios ensinados por ele, além de oferecer diretrizes práticas para os interessados em aprender a enriquecer suas existências.

Joseph Murphy foi um dos precursores do movimento *New Thought* (Novo Pensamento), que surgiu no final do século XIX e início do século XX, desenvolvido por muitos filósofos e pensadores que estudaram o fenômeno e ensinaram, praticaram e escreveram sobre um modo novo de encarar a vida. Combinando uma abordagem metafísica, espiritual e pragmática com a maneira como pensamos e vivemos, descobriram o segredo da possibilidade de alcançarmos tudo o que verdadeiramente desejamos. Essa filosofia, que recebeu vários nomes, dentre eles, *New Thought* e *New Civilization* (Nova Civilização), não pretendia ser uma religião no sentido tradicional, mas se fundamentava na crença firme e incondicional da existência de um ser maior, de uma presença eterna, de Deus. Os expositores dessa filosofia pregavam um novo conceito de vida capaz de trazer métodos novos e resultados melhores. Baseavam seu pensamento na ideia de que a alma humana está conectada à mente atômica da substância universal, de que nossa vida tem uma ligação direta com o manancial infinito da abundância, e de que possuímos o poder de usá-lo em nosso benefício. Praticamente todos nós fomos ensinados que precisamos

INTRODUÇÃO À SÉRIE

nos esforçar para atingir nossas metas e que o caminho que nos leva até elas é repleto de dores e espinhos. O fato, porém, é que só alcançaremos nossas metas sem sofrimento quando descobrirmos a lei — que aparentemente Deus nos deixou escrita em um código indecifrável — e nos dedicarmos a compreendê-la.

O conceito do Novo Pensamento pode ser resumido nas seguintes palavras:

Você pode se transformar no que deseja ser.

Tudo o que alcançamos ou fracassamos em alcançar é um resultado direto dos nossos pensamentos. Em um universo ordenado de modo tão ajustado, em que a perda do equilíbrio significaria a total destruição, a responsabilidade de cada pessoa tem de ser absoluta. Nossas forças e fraquezas, pureza e impureza são só nossas, de mais ninguém, e, por isso, só podem ser modificadas por nós mesmos. Toda a felicidade e todo o sofrimento têm origem no nosso interior. Somos o que pensamos; se continuarmos a pensar do mesmo jeito, nunca nos modificaremos. Existe um único modo de agir que nos permitirá crescer, conquistar e realizar. Temos de elevar nossos pensamentos. Só continuamos fracos, abjetos e miseráveis quando nos recusamos a modificar nosso modo de pensar.

Todos os feitos, tenham sido realizados no âmbito empresarial, intelectual ou espiritual, são resultado do pensamento dirigido, regidos pela mesma lei e obtidos pelo mesmo método — a única diferença está no objeto que foi alcançado. Acredita-se, porém, que os que conseguem pouco se sacrificam pouco, os que alcançam muito têm de se sacrificar muito, e os que gostariam de conquistar muito mais precisam se sacrificar além da conta.

O Novo Pensamento significa uma nova vida, um modo de viver mais saudável, mais feliz e gratificante em todos os aspectos e expressões possíveis.

Uma "nova vida" está prometida nas milenares e universais leis da mente e no modo como a infinita espiritualidade atuam dentro do coração e da mente de todos os seres humanos.

Na verdade, não existe nada atual no Novo Pensamento, porque ele é tão antigo como a criação do ser humano. Ele passa a ser novo para nós quando descobrimos as verdades da vida que nos libertam da carência, da limitação e da infelicidade. Nesse momento, o Novo Pensamento se torna uma percepção contínua e abrangente do poder criador que existe em nós — dos princípios da mente e de nosso potencial divino para sermos, fazermos e expressarmos nossas capacidades naturais e individuais, nossos talentos e habilidades muito mais amplamente.

O fundamento do princípio da mente é que novos pensamentos, ideias, atitudes e crenças criam novas condições, afinal, "recebemos de acordo com nossas crenças" — sejam elas boas, más ou indiferentes. A essência desse novo modo de pensar é a renovação contínua de nossa mente para sermos testemunhas da perfeita vontade de Deus de nos dar tudo o que é bom e saudável.

Somos a prova da perfeição de Deus quando temos conhecimento e experiência do que é bom. As verdades do Novo Pensamento são simples, fáceis de demonstrar e estão dentro das possibilidades de realização de qualquer pessoa, desde que ela queira e se disponha a colocá-las em prática.

Nada mais é necessário, senão uma mente aberta e um coração receptivo, dispostos a escutar a verdade milenar apresentada de uma maneira nova e diferente, a modificar e a abandonar velhas crenças e a aceitar novas ideias e conceitos. Ou seja, trata-se de

INTRODUÇÃO À SÉRIE

ter uma visão mais elevada da vida e a certeza de que existe uma presença curadora no interior de todos os seres humanos.

A renovação da mente é o único propósito e prática do Novo Pensamento. Sem essa renovação contínua, não pode haver mudança. Conquistar um modo novo de pensar significa ganhar uma atitude e uma consciência totalmente novas, capazes de nos inspirar e nos possibilitar entrar em uma "vida mais abundante".

Em nosso interior, temos um poder ilimitado para escolher e decidir, assim como a completa liberdade de utilizá-lo em nosso benefício. Podemos nos conformar ou transformar. Conformarmo-nos é viver de acordo com o que já assumimos ou recebemos de uma forma visível para os nossos sentidos, ideias, opiniões e crenças, e com as ordens advindas de outras pessoas. Conformar-se é viver e ser regido "pelos instáveis e passageiros modismos e condições do momento presente". A simples palavra "conformação" sugere que nosso atual ambiente tem uma forma cuja existência não devemos nem podemos negar. Estamos todos cercados de injustiças, impropriedades e desigualdades, e não é incomum nos envolvermos com elas, até porque acreditamos que devemos enfrentá-las com coragem e honestidade, e fazemos o melhor possível para resolvê-las com a integridade e a inteligência que possuímos no momento.

O mundo acredita e propaga que o ambiente é a causa da nossa condição e circunstâncias atuais, e que a reação e as tendências mais "normais" seria entrarmos em um estado de obediência e aceitação silenciosa do presente. Essa é a conformação no seu pior aspecto — a consciência do fracasso. Pior ainda, a conformação é uma atitude autoimposta e significa entregar todo o nosso poder e atenção ao exterior, ao estado manifestado. Essa entrega incontestada ao passado e ao ambiente que nos cerca, quer tenha sido feita automaticamente, quer por opção, foi causada pela falta de conhecimento da nossa faculdade mais básica e maravilhosa e de seu funcionamento. O poder criativo da mente e da imaginação pode ser dirigido para novas metas e aspirações. O Novo Pensamento insiste no reconhecimento de que somos os responsáveis pelo tipo de vida que levamos e de que somos capazes de reagir às supostas verdades que dirigem nossa existência atual.

Um dos mais ativos e respeitados instrutores do Novo Pensamento, o estadunidense Charles Fillmore, cofundador da Igreja da Unidade, acreditava firmemente na responsabilidade pessoal. Em seu livro, *The Revealing Word*, ele escreveu de maneira simples e direta que "nosso verdadeiro ambiente é nossa consciência. O ambiente externo sempre tem relação com a consciência".

Qualquer pessoa que esteja aberta e disposta a aceitar que é a responsável pelo ambiente em que vive já começou a dar início à transformação. Transformar é "passar de um estado ou condição para outro (muito melhor e mais satisfatório), da carência para a abundância, da solidão para o companheirismo, da limitação à inteireza, da doença para uma saúde vibrante" — tudo isso por meio do poder e da sabedoria que habitam nosso interior e devido à presença curadora que existe em nós.

Assim como não podemos modificar o movimento dos planetas, as estações do ano, as marés e as fases da lua, também é impossível mudar a mente e os pensamentos de outra pessoa. É inegável, no entanto, que temos a capacidade de mudar a nós mesmos. Quem seria capaz de impedir ou proibir a atuação de sua mente, imaginação e vontade? A resposta é evidente: nada, nem ninguém. Infelizmente, contudo, nada o impede de entregar esse poder a outra pessoa.

INTRODUÇÃO À SÉRIE

"Aprenda qual é a chave para uma nova vida: sua mente é um gravador, e todas as crenças, impressões, opiniões e ideias que aceitou ao longo dos anos estão registradas na sua mente mais profunda, o subconsciente. Mas você pode mudar a sua mente. Comece agora a preenchê-la com pensamentos nobres, inspirados por Deus, e alinhe-se com o espírito infinito que existe em seu interior". Pense em beleza, amor, paz, sabedoria e situações criativas, e o infinito reagirá em conformidade, transformando sua mente, corpo e circunstâncias. Seu pensamento é a ponte que faz a ligação entre seu espírito, seu corpo e o mundo material.

A transformação começa na medida em que passamos a meditar, a refletir e a absorver, em nossa mentalidade, as qualidades que desejamos vivenciar e expressar. É nítido que o conhecimento teórico é bom e necessário, mas devemos saber o que estamos fazendo e por que o fazemos. Todavia, a verdadeira transformação depende da estimulação dos dons que existem em nosso interior, do poder espiritual, invisível e intangível, que foi ofertado em sua totalidade a cada indivíduo que vive neste mundo. É esse poder, e somente ele, que rompe e dissolve as gravações e vínculos criados pela infelicidade e pelos aborrecimentos do passado. Além disso, ele cura as feridas das mágoas e o sofrimento emocional.

Nesse sentido, todos desejamos e necessitamos de paz de espírito — a maior das dádivas — em nosso ambiente. Ela pode ser obtida pela contemplação, tanto mental quanto emocional, da paz divina enchendo nossa mente e coração, e, portanto, todo o nosso ser. "Onde entrardes, dizei primeiro: 'A paz esteja nesta casa'."

Contemplar falta de paz, desarmonia, infelicidade e discórdia e acreditar que a paz se manifestará nesse meio é o mesmo que achar que a semente de maçã dará origem a uma palmeira. É algo que não faz sentido porque viola todo o sentido de razão. Contudo, isso é o que se encontra no mundo.

AUMENTE O PODER DO SEU SUBCONSCIENTE
PARA DESENVOLVER A AUTOCONFIANÇA E A AUTOESTIMA

Para alcançarmos o que é bom, devemos procurar meios de modificar nossa mente e, quando necessário, de nos arrepender. O resultado será a renovação e a transformação vindas como algo natural. É desejável e necessário transformarmos nossa vida, pondo fim à nossa conformação com escolher ou decidir de acordo com os eventos já formados e manifestados. Precisamos aprender a detectar a causa que existe por trás de cada evento físico — uma doutrina elaborada por pessoas, dogmas ou rituais — para entrarmos no reino do metafísico que existe em nosso interior, o verdadeiro Novo Pensamento.

A palavra "metafísica" atualmente está vinculada a vários movimentos organizados, como, por exemplo, o Nova Era. Entretanto, ela existe há muitos séculos e surgiu, pela primeira vez, nos escritos de Aristóteles. O 13º volume de suas obras, considerado o mais importante de todos, tinha *Metafísica* como título. Em um dicionário, a seguinte definição pode ser encontrada: "Além da ciência natural; a ciência do puro ser". *Meta*, do grego antigo, significa "acima, além", e "metafísica", portanto, significa "acima ou além da física" ou "acima ou além do que é físico", ou seja, do mundo da forma. *Meta* é algo que está acima do material, é o espírito da mente. Além de todas as coisas, está *meta*: a mente.

Em termos bíblicos, o espírito de Deus é bom; "Os que adoram Deus adoram o espírito ou a verdade". Quando possuímos um espírito de bondade, verdade, beleza, amor e boa vontade, é Deus que está em nós, manifestando-se por nosso intermédio. Deus, verdade, vida, energia e espírito... Podemos defini-los? E como defini-los? "Defini-lo é limitá-lo."

Em paralelo, há uma numa antiga e bela meditação: "Sou sempre o mesmo no meu eu mais interno: único, eterno, absoluto, inteiro, completo, perfeito. Sou um EU SOU indivisível, eterno,

INTRODUÇÃO À SÉRIE

sem rosto nem figura, sem forma nem idade. EU SOU a presença silenciosa, que habita os corações de todos os seres humanos." Temos de acreditar e aceitar que tudo o que imaginamos e sentimos como verdadeiro se torna realidade, e aquilo que desejamos aos outros estamos desejando a nós mesmos.

Emerson escreveu: "Somos o que pensamos durante o dia inteiro." Em outras palavras, e explicando melhor: espírito, pensamento, mente e *meta* são expressões da presença e do poder criativos, e, tal como ocorre na natureza (leis físicas), qualquer elemento pode ser usado tanto para o bem quanto para o mal. Por exemplo, não podemos viver sem água, mas muitos se afogam nela. A eletricidade torna nossa vida mais confortável, mas também mata. Diz a Bíblia: "Eu crio a luz e as trevas; faço a paz e a guerra; Eu, o Senhor, faço todas essas coisas. Eu firo e Eu curo; Eu abençoo; Eu amaldiçoo."

Entretanto, não existe nenhuma deidade colérica decidida a nos punir ao longo de toda uma vida; somos nós que nos castigamos mediante o mau uso da mente. Seguindo o mesmo princípio, somos abençoados (beneficiados) quando tomamos conhecimento dessa presença interna, desse poder fundamental que o Criador colocou à nossa disposição.

A metafísica é, em suma, o estudo da causação (ato de causar) e não se preocupa com o efeito ou resultado que está manifestado, mas com o que está *causando* o efeito ou resultado. Ela aborda as ideias espirituais como os cientistas abordam o mundo da forma. Os metafísicos investigam a mente ou a causa a partir da qual o visível é formado ou deriva. Se a mente é modificada ou uma causa é alterada, o efeito sofre uma mudança.

A força e a beleza da metafísica é que ela não está confinada a qualquer credo particular, mas é universal. Uma pessoa pode professar a religião judaica, cristã, muçulmana ou budista e ser, ao mesmo tempo, metafísica.

Muitos poetas, cientistas e filósofos afirmam ser ateus ou agnósticos, mas são profundamente humanistas, o que significa que têm uma crença metafísica. Jesus era um mestre da metafísica — compreendia a mente e a utilizava para elevar, inspirar e curar os outros.

Quando perguntaram ao Mahatma ("grande alma") Gandhi qual era a sua religião, ele respondeu: "Sou cristão... judeu... budista... hindu... Eu sou todas essas coisas."

A expressão "Novo Pensamento" tornou-se popular e generalizada. Ela é usada em muitas igrejas, centros, grupos de oração e diferentes instituições, e hoje pode denominar um movimento metafísico que nos revela a existência da unicidade ou unidade dos seres humanos com a vida infinita e que cada indivíduo possui dignidade e valor inatos. Nesse movimento, a ênfase é colocada sobre o indivíduo e não sobre uma função ou entidade. Não há nenhuma novidade no Novo Pensamento, porque a metafísica é a mais antiga das abordagens religiosas. "EU SOU e vim para trazer vida, e vida em abundância." A metafísica revela nossa identidade de "Filhos do Infinito" e afirma que somos amados e temos valor espiritual pelo simples fato de sermos partes necessárias do Todo Criador, que é uno.

A metafísica nos permite voltar à nossa divina fonte e nos ajuda nessa empreitada, pondo fim à sensação de separação e alienação, de vivermos vagando em um deserto estéril e hostil.

A metafísica sempre esteve à disposição dos seres humanos e espera pacientemente pelo momento em que cada um irá descobri-la e utilizá-la.

Milhares de pessoas foram apresentadas à metafísica por diferentes instrutores. Ela evoluiu pouco a pouco e, de maneira geral,

INTRODUÇÃO À SÉRIE

considera-se que, em sua forma atual, foi introduzida por Phineas P. Quimby, que relatou suas experiências com a mente humana em um artigo fascinante da revista *New Thought Magazine*, em 1837. Depois de experimentar o mesmerismo por vários anos, Quimby concluiu que era o condicionamento da mente subconsciente, e não o hipnotismo, o responsável pelas mudanças observadas. Apesar de Quimby não ter tido grande educação formal, era um autor prolífico e publicava diários minuciosos sobre seu trabalho. Com o passar do tempo, tornou-se um ávido leitor da Bíblia e conseguiu reproduzir dois terços das curas descritas no Antigo e no Novo Testamentos. Descobriu também que havia grande confusão sobre o verdadeiro significado de muitas passagens bíblicas, confusão essa que era a responsável pela má compreensão e má interpretação dos feitos de Jesus Cristo.

Ao longo do século XX, muitos autores, instrutores, ministros de igrejas e palestrantes contribuíram para a divulgação do movimento Novo Pensamento. Charles E. Braden, da Universidade de Chicago, chamou-os de "espíritos rebeldes", porque entendeu que esses homens e mulheres estavam fomentando uma rebelião contra as religiões estabelecidas, contra o dogmatismo, os rituais, os credos e as inconsistências que só serviam para causar medo nos fiéis. O próprio Dr. Braden acabou expressando sua insatisfação com a situação existente, decidindo-se não se conformar mais com ela.

O Novo Pensamento é a prática individual das verdades da vida dentro de um processo gradual e abrangente. Podemos aprender muito pouco, a princípio, e muito mais no futuro próximo. Entretanto, jamais atingiremos um ponto em que não existirá nada mais para ser descoberto, porque o processo é infinito, ilimitado e eterno. O tempo não é impedimento, porque temos toda a eternidade para aprender. Muitos se impacientam consigo

AUMENTE O PODER DO SEU SUBCONSCIENTE
PARA DESENVOLVER A AUTOCONFIANÇA E A AUTOESTIMA

mesmos e com seus aparentes fracassos. Entretanto, ao olharmos para trás, descobrimos que houve períodos de real aprendizado e nos propomos a não repetir os mesmos erros. Se o processo está lhe parecendo lento demais, lembre-se: "Na paciência, toma posse de tua alma."

No livro *Orar é a solução*, Murphy salienta que o Céu pode ser considerado a "consciência ou percepção", e a Terra, a manifestação. Seu novo céu é seu novo modo de encarar as situações, a nova dimensão da sua consciência que o faz ver que, no Absoluto, tudo é bênção, harmonia, amor infinito, sabedoria, paz eterna e perfeição. O processo de identificação com essas verdades vence o medo e, ao aumentar nossa fé e confiança, torna-nos mais fortes e seguros.

Os livros que constituem essa série apresentam combinações de palestras, sermões e transmissões radiofônicas em que Murphy ensinava as técnicas para elevar seu potencial ao máximo por meio do poder do subconsciente.

Como Murphy era um ministro protestante, muitos dos seus exemplos e citações são extraídos da Bíblia, mas os conceitos que ilustram não devem ser considerados sectários, porque as mensagens que transmitem são universais e encontram-se nos ensinamentos da maior parte das religiões e filosofias. Muitas vezes, Murphy repetiu que a essência do conhecimento é a lei da vida, a lei da crença. Não a crença católica, protestante, muçulmana ou hindu, mas a certeza no mandamento mais simples e puro: "Faça aos outros o que quiser que eles lhe façam."

Jean Murphy continuou o ministério do marido depois de sua morte em 1981. Em uma palestra proferida em 1986, ela reiterou sua filosofia:

INTRODUÇÃO À SÉRIE

"Quero ensinar homens e mulheres sobre a origem divina de todos nós e sobre os poderes que reinam em nosso interior. Quero que saibam que esses poderes são internos e seus próprios salvadores, porque, ao usá-los, conseguirão alcançar sua própria salvação. Essa é a mensagem que a Bíblia nos transmite, mas poucos têm consciência dessa verdade. Vivemos mergulhados em uma confusão gerada por interpretações literais e erradas das verdades transformadoras que a Bíblia nos oferece.

Quero atingir a maioria que sofre a repressão dos seus talentos e habilidades. Quero ajudar os outros, seja qual for seu nível de consciência, a descobrir as maravilhas que guardam em seu interior."

Falando sobre o marido, Jean Murphy também disse que "ele era um místico prático, um homem abençoado pelo intelecto de um erudito, a mente de um executivo bem-sucedido, o coração de um poeta". Sua mensagem pode ser assim resumida: "Você é o rei, o governante do seu mundo, porque é uno com Deus."

Joseph Murphy acreditava firmemente que o plano de Deus era que todos os seres humanos fossem saudáveis, prósperos e felizes, e contestava os teólogos e pensadores que afirmavam que o desejo é uma coisa má e que é nosso dever tentar sufocá-lo. Ele ensinava que a extinção do desejo significa apatia, falta de sentimentos, de ação. Afirmava que o desejo é um dom de Deus; que é certo desejar e que nada é mais saudável e proveitoso que o desejo de se tornar melhor do que se era ontem. Como é possível o desejo de saúde, abundância, companheirismo e segurança ser considerado errado?

O desejo está por trás de todo progresso. Sem ele, nada seria realizado, porque o desejo é o poder criador, que pode ser canalizado de maneira construtiva. Uma pessoa em vulnerabilidade, por exemplo, tem todo o direito de desejar fortuna. Alguém com uma doença, de desejar saúde; uma pessoa sentindo solidão, de desejar companhia ou amor.

AUMENTE O PODER DO SEU SUBCONSCIENTE
PARA DESENVOLVER A AUTOCONFIANÇA E A AUTOESTIMA

Temos de acreditar que podemos melhorar nossa vida. Uma crença qualquer, verdadeira, falsa ou apenas indiferente, acalentada por um bom período de tempo, é assimilada e incorporada em nossa mentalidade. Se não for contrabalançada com uma crença de natureza oposta, mais cedo ou mais tarde será expressa ou vivenciada como fato, forma, condição ou eventos cotidianos. Precisamos ter certeza de que possuímos o poder para transformar crenças negativas em positivas em nosso interior e, portanto, a capacidade de mudar nossa vida para melhor. Basta você dar a ordem, e seu subconsciente o obedecerá fielmente. A reação ou resposta da mente subconsciente virá de acordo com a natureza do pensamento que está em sua mente racional.

Os psicólogos ou psiquiatras afirmam que, quando os pensamentos são transmitidos para o subconsciente, formam-se impressões nos neurônios cerebrais. No instante em que o subconsciente aceita uma ideia qualquer, começa a colocá-la em prática por meio de associações, usando cada partícula de conhecimento que você reuniu em sua vida para dar forma a ela. Ele se alimenta do poder infinito, da energia e da sabedoria que existe em seu interior e recorre a todas as leis da natureza para conseguir seu objetivo. Às vezes, o subconsciente parece trazer uma solução imediata para suas dificuldades, mas, em outras, a resposta pode demorar dias, semanas ou mais.

O modo de pensar habitual da sua mente racional estabelece sulcos profundos no subconsciente, algo muito favorável no caso dos seus pensamentos serem harmoniosos, pacíficos e construtivos. Por outro lado, se você se entrega habitualmente ao medo, à preocupação ou a outras formas destrutivas de pensamento, a solução é reconhecer a onipotência da mente subconsciente e decretar liberdade, felicidade, saúde perfeita e prosperidade. O subcons-

INTRODUÇÃO À SÉRIE

ciente, por estar diretamente ligado à sua fonte divina, começará a criar a liberdade e a felicidade que você decidiu trazer à sua vida.

Agora, pela primeira vez, as palestras do Dr. Murphy foram compiladas, editadas e atualizadas em seis novos livros, que trazem seus ensinamentos para o século XXI. Para ampliar e explicar melhor os temas das palestras originais, também incorporamos material extraído das palestras da Dra. Jean Murphy e acrescentamos exemplos de pessoas cujo sucesso reflete a filosofia do Dr. Murphy.

Confira a seguir os livros que compõem a série:

- *Aumente o poder do seu subconsciente para trazer riqueza e sucesso;*
- *Aumente o poder do seu subconsciente para desenvolver autoconfiança e autoestima;*
- *Aumente o poder do seu subconsciente para vencer o medo e a ansiedade;*
- *Aumente o poder do seu subconsciente para ter saúde e vitalidade;*
- *Aumente o poder do seu subconsciente para alcançar uma vida mais plena e produtiva;*
- *Aumente o poder do seu subconsciente para conquistar uma vida mais espiritualizada.*

A simples leitura desses livros *não* vai melhorar sua vida. Para extrair o máximo do seu potencial, você terá de estudar atentamente esses princípios, aceitá-los no fundo do seu coração, reuni-los à sua mentalidade e aplicá-los como parte integrante da sua maneira de encarar todos os aspectos de sua vida.

Arthur R. Pell, ph.D.
Organizador
Fevereiro de 2005

Prefácio

A autoconfiança, a sensação de que somos capazes de fazer tudo o que desejamos, é o elemento essencial para termos uma vida plena de realizações. É esse o ingrediente que falta em muitas pessoas que jamais são bem-sucedidas nos negócios e mesmo na vida privada. Por que há tantas pessoas que não têm confiança em si próprias? O motivo mais comum é o medo de que um fracasso que sofreram na infância venha a se repetir. Figuras parentais e outras figuras de autoridade muito severas e insatisfeitas com o desempenho escolar ou em outra atividade também contribuem para o aparecimento de um complexo de inferioridade.

Há pessoas que experimentaram o sucesso e logo em seguida foram vítimas de algum tipo de fracasso. Muitas deixaram a decepção dominar sua mente e se condenaram a uma falta de autoestima em tudo o que fazem.

Será que isso pode ser mudado? É evidente que sim. Joseph Murphy oferece neste livro a cura certa para a falta de autoconfiança, que funcionou para um número imenso de seus leitores e pessoas que procuravam seus conselhos. Tenho certeza de que as técnicas também darão certo com você.

A autoconfiança é uma parte integrante da autoestima, mas, antes de conquistar confiança nas decisões que você toma, deve acreditar em si próprio. Você tem de sentir, com absoluta certeza, que é uma pessoa digna de valor. Se não tem autoestima, como pode ter confiança de que tomou a decisão acertada?

AUMENTE O PODER DO SEU SUBCONSCIENTE
PARA DESENVOLVER A AUTOCONFIANÇA E A AUTOESTIMA

Infelizmente, na maioria das vezes nos mostramos mais interessados em saber o que os outros pensam de nós, não dando a devida importância à imagem que temos de nós mesmos. William Boetcker, ministro protestante e escritor, em meados do século XX, escreveu: "Não se importe com o que os outros pensam de você, porque eles podem sobrestimá-lo ou subestimá-lo! Enquanto ninguém descobrir seu real valor, seu sucesso depende, basicamente, do que pensa sobre você mesmo e se de fato acredita em você mesmo."

Neste livro, Murphy lhe mostrará como a prece pode ajudá-lo a programar seu subconsciente para não aceitar seus sentimentos negativos e restabelecer sua autoestima e autoconfiança.

Você talvez esteja pensando que já cansou de tanto rezar e que orações não funcionam no seu caso, mas o real motivo para essa situação é a falta de confiança ou excesso de esforço. É comum as pessoas bloquearem as respostas às suas preces por não compreenderem o funcionamento da mente subconsciente. Quando aprender esse processo, você ganhará um bom nível de confiança Lembre-se de que quando sua mente subconsciente aceita uma ideia, ela começa a mobilizar seus poderosos recursos, que são as leis mentais e espirituais que regem o seu funcionamento. Essas leis valem tanto para ideias boas, como para más e, por isso, se usá-las de maneira negativa, conseguirá problemas, fracassos e confusão. Pelo contrário, se suas ideias forem construtivas, você experimentará liberdade, orientação para executar as ações corretas e paz de espírito.

A resposta certa é inevitável quando os pensamentos são construtivos, quando estão sintonizados com o infinito e quando você irradia amor e benevolência para todos que o cercam. Creio que já entendeu com certeza que para derrotar o fracasso, você precisa

PREFÁCIO

fazer seu subconsciente aceitar a ideia ou pedido, sentindo que ele já se tornou realidade no aqui e agora, e o resto será resolvido pelas leis da mente. Transforme sua súplica em uma sensação de fé e confiança, e o subconsciente assumirá a liderança e lhe trará a resposta.

É absolutamente certo que você não será bem-sucedido em obter resultados se tentar usar a força ou a coação mental. "Mas eu me esforcei tanto!" é uma queixa comum de quem não viu suas preces serem atendidas. Entenda que o subconsciente não responde sob coação e os fracassos podem ser gerados por afirmações, como: "A situação piora a cada dia; nunca receberei uma resposta; não vejo saída; é inútil; não sei o que fazer; estou totalmente confuso." Essas pessoas não obtêm resultados porque não despertam a cooperação ou a resposta do subconsciente. Você é como um soldado marchando no mesmo lugar, não avança nem recua, e por isso não vai chegar a lugar algum.

O subconsciente é controlado pela ideia dominante e ele sempre aceitará a mais forte de duas proposições contraditórias. Por isso, é melhor não empregar nenhum esforço. É errado dizer: "Quero ter autoconfiança, mas não consigo; eu me esforço tanto; eu me disciplino para orar diariamente, uso o máximo da minha força de vontade." Nunca tente obrigar o subconsciente a aceitar uma ideia usando força de vontade, porque essas tentativas resultarão em fracasso e você obterá o oposto do que deseja.

É a mente tranquila que faz seus desejos se materializarem. Sua força está no silêncio e na confiança. É inútil querer resolver problemas pessoais orando, mesmo com grande sinceridade, para que o mundo seja mais justo. Ninguém consegue mudar o mundo, mas você pode mudar seu jeito de ser. É evidente que a maioria das pessoas não aprova assaltos, estupros e assassinatos, e

AUMENTE O PODER DO SEU SUBCONSCIENTE
PARA DESENVOLVER A AUTOCONFIANÇA E A AUTOESTIMA

você com certeza se inclui entre elas. Faça o melhor possível para colaborar para a criação de um mundo melhor, como escrever aos jornais, cobrar atitudes dos políticos, colaborar com o aparato judicial etc., mas mantenha sua mente tranquila, sintonizada com o infinito, porque agitação, ódio, ressentimento ou raiva só atrapalham a resolução de problemas. Agindo movido por esses sentimentos, você está derramando toxinas e miasmas na mente coletiva, causando mais mal do que bem.

Quem está perturbado, com os pensamentos em tumulto, não ajuda ninguém. Se isso está acontecendo, é porque lhe falta confiança e autoestima, o que significa que você é um mau companheiro, um mau pai e um mau colega de trabalho. O grau de êxito no trato dos problemas é diretamente proporcional à sua tranquilidade, serenidade, paz de espírito, equilíbrio e, sobretudo, percepção de que existe uma inteligência infinita em seu interior, que o orienta, dirige e lhe revela o plano perfeito, mostrando o modo como deverá agir para realizá-lo.

Deus é o Espírito Todo-poderoso que habita seu interior, é o único poder que existe no universo. Ele pode ser chamado de Deus, Alá, Brahma etc., mas é único. Só existe um poder, uma força criadora. Você, como qualquer outro ser humano, é movi- do por essa força; seus pensamentos são criativos e você tem capacidade de transformá-los em realidade. Se pensar no bem, receberá o bem, mas se pensar no mal, receberá o mal. Se pensar nas riquezas de Deus, elas se materializarão em sua vida.

São as impressões e crenças que você tem sobre si mesmo que regem os seus atos. A opinião dos outros não deve ser levada em consideração. Se alguém lhe falar: "Você é um fracassado, nunca vai progredir na vida", qual deve ser sua atitude? O certo é dizer a você mesmo: "Eu nasci para vencer, para ser bem-sucedido. Tudo

PREFÁCIO

o que preciso virá a mim. O poder de Deus flui através de mim." Use todas as oportunidades para reforçar sua fé no Todo-poderoso, que jamais fracassa. Em outras palavras, desperte para a verdade e pare de culpar os outros pelos seus infortúnios. Nunca mais ponha culpa nas condições que o cercam. Não existe nenhum culpado a não ser você mesmo. Naturalmente, você não será bem-sucedido em tudo o que fizer, mas isso não significa que você é um fracassado. Em seu interior existe um poder criativo capaz de acabar com os infortúnios e conduzi-lo para o sucesso. Não existe ninguém no mundo com poder para controlá-lo e ninguém jamais poderá manipulá-lo se você não permitir.

A autoconfiança cresce diante de cada empreendimento bem-sucedido e não é abalada nem mesmo quando você enfrenta algum revés, desde que esteja convencido de que o poder criativo de Deus está dentro do seu ser. Acreditar nele é acreditar em você mesmo.

Você é o que pensa ser. Você se cria com base na imagem que faz sobre si mesmo em sua mente. A autoestima e a autoconfiança não são mais do que a projeção da autoimagem que está no seu interior. Se essa autoimagem for fortemente positiva, você será uma pessoa mais feliz e bem-sucedida, capaz de saltar todos os obstáculos, por mais difíceis que pareçam, bem como atingir as metas que determinou para a sua vida.

CAPÍTULO 1
Construindo a autoconfiança

Se você se considera um fracasso e, pior, aceita que é um fracasso, com toda a certeza não terá êxito em seus empreendimentos. Pense no sucesso. Tome consciência de que nasceu para ser bem-sucedido e ser um vencedor, porque no infinito o fracasso simplesmente não existe. Veja-se como uma pessoa realizada, livre e feliz, e isso se tornará realidade. Tudo o que você pensa e sente que é verdade em sua mente racional está impregnado no seu subconsciente e acabará, mais cedo ou mais tarde, sendo concretizado em sua vida. Essa é a lei da mente, imutável e eterna.

Não estamos falando sobre fé em credos, dogmas, tradições ou qualquer tipo de ideia religiosa, mas em fé no seu próprio pensamento, nos seus sentimentos e emoções, nas leis que regem a sua própria mente e na bondade de Deus para com suas criaturas. Estamos falando de fé na inteligência criativa que responde a todos os seus pensamentos. Você pode ter fé na ideia de que terá uma gripe porque ficou numa corrente de vento, que vai pegar um vírus porque se sentou ao lado de alguém doente, que terá um resfriado porque uma pessoa espirrou na sua presença. Isso se tornará realidade em sua vida. Você pode até ter fé no fracasso. Neste caso, nada do que fizer dará um bom resultado.

Uma mulher uma vez me confessou:

— Por dez anos, tive uma fé absoluta que ficaria sozinha a vida inteira, que ninguém iria querer se casar comigo e que minha velhi-

AUMENTE O PODER DO SEU SUBCONSCIENTE
PARA DESENVOLVER A AUTOCONFIANÇA E A AUTOESTIMA

ce seria pobre e infeliz. — Mas acrescentou: — Então, eu li o seu livro, *O poder do subconsciente*, e coloquei suas ideias em prática. Segui suas sugestões de oração e atualmente estou casada, tenho um marido maravilhoso e fui abençoada com três lindos filhos.

Essa mulher abandonou sua fé no negativo e trocou-a por uma alegre expectativa em todas as fases de sua vida. O medo é a fé na coisa errada, é a fé de cabeça para baixo. Tenha fé na bondade de Deus para com os que estão na terra dos vivos, que estão aqui e agora. Tenha fé no divino amor, tenha fé na presença curadora Interior que o criou para ser capaz de curar a si próprio. A lei que rege a mente dessa mulher respondeu à sua crença, pois a lei da vida é a lei da crença.

> Em que você acredita? Crer é aceitar algo como verdade. Acredite no que é bom, no que é belo, justo, puro e promissor. Creia no que é virtuoso, no que é digno de elogios.

O que você mais precisa é acreditar em você mesmo, no que está fazendo e em tudo de bom que o futuro lhe reserva. A autoconfiança encontra sua melhor expressão quando é acompanhada pela crença de que seu eu real é Deus e que tudo é possível para Ele.

A Bíblia nos ensina o que é necessário para desenvolver a autoconfiança espiritual, mas para colocar em prática esses ensinamentos, é preciso antes de tudo acreditar que Deus existe e que Ele recompensa todos que o procuram. Os grandes homens e mulheres que ao longo dos milênios se destacaram pela sua profunda autoconfiança espiritual tinham a convicção inabalável de que havia uma presença divina no âmago do seu ser e que eram unos com Ele.

Deus é o Espírito vivo que está dentro de nós. As grandes escrituras religiosas nos ensinam que devemos adorar Deus em espírito e verdade. O Espírito não tem rosto, forma ou figura. É eterno, infinito. Temos de dedicar toda nossa atenção, devoção e lealdade ao Espírito que vive dentro de nós e que criou o universo e tudo o que nele existe, inclusive nós mesmos. Ele é Todo-poderoso, tudo sabe e tudo vê. Quando nos sintonizamos com Ele, esse poder infinito atende nossas súplicas e nossa vida se transforma em uma sucessão de maravilhas.

Em todas as eras, grandes homens e mulheres mostraram uma profunda confiança em si mesmos sem jamais serem agressivos, egoístas ou intolerantes. Jesus, Moisés, Buda, Lao Zi, Confúcio, Maomé e muitos outros realizaram feitos considerados impossíveis por meio da absoluta convicção de que podiam fazer tudo o que pretendiam, porque havia um poder divino que os inspirava e fortalecia. E todos eram seres humanos, como eu ou você.

Neste mundo em que vivemos, praticamente nada pode ser feito sem que haja fé. O agricultor, quando planta sementes, tem fé na ciência da agricultura. Os químicos têm fé nas leis e princípios da química. Os profissionais da medicina têm fé no seu conhecimento de anatomia, fisiologia, cirurgia e farmacologia. Os engenheiros têm fé nas leis e nos princípios da matemática e da física, e constroem edifícios seguindo essas leis científicas que já existiam antes de qualquer ser humano caminhar sobre a Terra, antes de qualquer igreja ser fundada.

Você pode ter a mesma fé inabalável nas leis da sua própria mente, que foram, são e serão sempre as mesmas. Pode-se dizer que um indivíduo continua vivendo na Idade Média, na chamada Idade das Trevas, quando pensa que os princípios da química, da física e da matemática são diferentes dos princípios e das leis que

AUMENTE O PODER DO SEU SUBCONSCIENTE
PARA DESENVOLVER A AUTOCONFIANÇA E A AUTOESTIMA

regem nossa mente. Essas leis mentais e espirituais são tão inabaláveis e confiáveis quanto a lei da gravidade. O fato é simples: "Pense no bem e o bem virá. Pense no mal e o mal virá."

O primeiro passo para construir a autoconfiança é acreditar que o poder infinito que existe no seu interior está constantemente digerindo o que você come e bebe para restaurar seus órgãos e tecidos, fazendo seus cabelos e unhas crescerem, mantendo a sua atividade cerebral mesmo durante o sono mais profundo. Esse Poder cuida de você o tempo todo. Ele governa os batimentos do seu coração, o funcionamento dos seus órgãos e do seu organismo em geral. Todos os processos vitais do seu corpo são controlados por essa infinita inteligência que jamais vacila, jamais se afasta, jamais falha. É sobre isso que estamos falando desde o começo do capítulo.

Por exemplo, quando você se corta, o poder interior cicatriza a ferida. Quando você se queima, Ele lhe dá novos tecidos e nova pele. Ele está constantemente procurando sanar seus males. Esse poder é o princípio vital que habita dentro do seu ser. Você tem consciência de que está vivo, sabe que possui uma mente e percebe intuitivamente que há um Espírito no âmago do seu ser porque é capaz de ter sensações de alegria, encantamento, amor e êxtase quando olha para as maravilhas deste mundo e para os milagres da natureza. Essa intuição é muito forte quando, por exemplo, você olha para seu filho recém-nascido. Essas emoções, apesar de invisíveis, são reais.

Portanto, acredite no infinito poder que habita seu interior. Reconheça e convença-se de que o seu verdadeiro eu é Deus. É o seu Eu Maior, aquela parte de você que jamais nasceu nem morrerá. Nada pode atingi-lo, nada pode destruí-lo porque ele é

CONSTRUINDO A AUTOCONFIANÇA

Eterno, é a própria vida que pulsa dentro de você, através de você e em torno de você.

O segundo passo para adquirir autoconfiança é comungar regularmente com essa infinita presença e poder. Respire profundamente, relaxe e crie uma imagem mental, uma visão, sabendo que você irá para onde vai sua visão. Dê-lhe toda a sua atenção, envolva-a em um clima de quietude e emoção, e ela se tornará realidade em sua vida porque é isso que vai lhe acontecer. Que sua visualização seja uma cena de abundância, ação correta, inspiração e divina orientação. Sinta-se como se fosse uma espessa camada de neve acumulada sobre uma montanha que, ao ser derretida pelo calor do sol, flui pelas encostas para fertilizar as terras abaixo. Sua neve, derretida pelo calor da presença interior, transforma-se em um rio de vida, levando nutrição e sustento para o vale da sua existência.

Não dê importância para todas as ocasiões em que você fracassou e perdeu. Pensar nisso não fará nenhuma diferença no momento. Agora você sabe que a divina presença habita seu interior e que Deus é a infinita inteligência, o infinito poder e o infinito poder vital. Você tem convicção de que Ele responderá, atendendo a seus desejos porque quer apenas sua felicidade. Desperte essa dádiva divina que dorme no fundo do seu ser. Acorde esse gigante adormecido. Confie na inteligência criativa que vive dentro de você de uma forma que jamais confiou em ninguém, nem mesmo no seu pai e na sua mãe quando era apenas um bebê indefeso.

Caso surja em sua mente um pensamento como "Não vou conseguir isso", afirme imediatamente: "Mas a divina presença vai conseguir. Ela é o infinito poder e nada é capaz de desafiá-la ou a ela se opor. Ela é Todo-poderosa." Se o pensamento insistir em voltar, analise bem todas as dificuldades e obstruções, confie na presença e diga corajosamente a você mesmo: "A infinita presença e o infinito poder não conhecem obstáculos, demoras ou impedimentos." Crie algumas frases para se contraporem às suas negativas e sua vida será ricamente abençoada para sempre. Seus obstáculos e desafios se transformarão em oportunidades, o medo se transformará em fé e as dúvidas se transformarão na absoluta certeza de que a infinita presença vive no âmago de seu ser e a sintonia com ela só lhe trará coisas boas.

Tive uma conversa interessantíssima com o dono de um hotel de Lisboa. Ele me contou que começara a vida como garçom em um pequeno restaurante. Quando o patrão lhe pedia para fazer algo de especial, ele costumava responder: "Vou tentar." Um dia o patrão lhe disse: "Nunca mais diga que vai tentar, garoto. Responda sempre 'Vou fazer' com a certeza de que conseguirá fazer. Então o Todo-poderoso o ajudará." O homem continuou:

— Eu aproveitei bem esse conselho e nunca mais falei que ia tentar. Passei a acreditar que havia uma força dentro de mim e que seria capaz de tudo. Comecei a afirmar que seria dono de um grande hotel. — A resposta veio de uma forma inesperada: — Ganhei na roleta do cassino de Cascais o equivalente a cem mil dólares. Abri este hotel e agora terminei de pagar todos os empréstimos que fiz para colocá-lo em funcionamento. Prosperei muito além do que poderia imaginar.

Ele contou que sentiu um desejo intenso, uma ânsia de ir a um cassino para jogar e pediu a um amigo para acompanhá-lo e ensiná-lo como deveria proceder. Sabia que iria ganhar, era uma certeza silenciosa que vinha do fundo da sua alma. Apostou na roleta e começou a ganhar. Quando viu que tinha dinheiro suficiente para dar entrada para a compra de um hotel, parou de jogar e nunca mais entrou em um cassino. Foi esse o modo que seu subconsciente encontrou para atender o seu pedido.

CONSTRUINDO A AUTOCONFIANÇA

Ninguém pode entender qual é o funcionamento do subconsciente. Precisamos apenas saber que não existe nada de mau no universo, que as coisas só são boas ou ruins de acordo com o uso que fazemos delas. O dinheiro, por exemplo, é só uma ideia, um símbolo de troca e pode tanto nos trazer alegria quanto desgraça. Bem e mal são movimentos de nossa mente em relação com o infinito princípio de vida que existe em nosso interior, que é eternamente perfeito e completo.

Decida agora, neste minuto, que você pode fazer o que deseja fazer e ser o que sinceramente deseja ser, e que pode ter o que deseja possuir. Você receberá de acordo com sua crença. Siga o ensinamento que chegou a nós através de séculos de conhecimento: "Certifique-se de que está certo, então vá em frente. Não deixe nada afastá-lo da ideia ou abalar a sua convicção. Faça com que ela se torne parte da sua mentalidade." Com esse tipo de crença, você inevitavelmente será bem-sucedido e progredirá na vida.

O que uma pessoa extremamente rica ou um renomado executivo possui que você não tem? Uma única coisa, somente — confiança em si próprio. Eles acreditam neles mesmos e na sua força interior, que, afinal, são a mesma coisa. Confiança tem a ver com a fé, fé em determinados princípios e no poder do pensamento. O primeiro passo para construir a autoconfiança é acreditar no infinito poder que existe no interior do seu ser. Pessoas que se apoiam nessa crença deixam transparecer essa certeza nos seus atos, palavras, posturas e atitudes, e irradiam poder e confiança. É por isso que conquistam o respeito dos outros no primeiro encontro.

No ano passado, entrevistei um homem em Hilo, no Havaí. Uma pessoa riquíssima, mas que logo me disse, triste: "Eu sou um nada. Ninguém gosta de mim, ninguém se importa comigo."

AUMENTE O PODER DO SEU SUBCONSCIENTE
PARA DESENVOLVER A AUTOCONFIANÇA E A AUTOESTIMA

Para ser franco, era a pura verdade, pelo simples motivo de que ele não gostava se si próprio, não respeitava seu eu interior.

Ora, se alguém é cruel consigo mesmo, os outros serão cruéis e maus com ele. Esse homem tinha a mania de se depreciar, apesar de possuir imensas propriedades e gordas contas bancárias.

Expliquei-lhe que por causa dessa constante autocrítica e de só falar nos seus defeitos, os outros tendiam a tratá-lo de acordo. O que acontece dentro reflete fora. O interior controla o exterior.

Eu o fiz ver que as riquezas do infinito estavam dentro dele e à sua volta, e que ele só precisava se conectar com o poder e presença infinitos e eles responderiam ao seu pensamento. Como disse Shakespeare: "Todas as coisas estão prontas quando a mente está pronta."

Ensinei-o a usar algumas das eternas verdades da Bíblia como afirmações para serem repetidas diariamente:

Eu sou o templo do Deus vivo e o Espírito de Deus habita dentro de mim. Os frutos do Espírito são o amor, a alegria, a paz, a paciência, a cordialidade, a bondade, a fé, a humildade e a temperança. Mantenho-me em perfeita paz com Ele e Ele me transmite confiança. Eu reconheço Sua presença e Ele aplainará meus caminhos. Eu confio Nele. Acredito Nele e Ele só me trará o bem.

O Senhor o criou para o bem. Rejubile-se e dê graças ao Ser infinito que o criou e saiba que Ele está sempre com você e pode, a qualquer momento, curá-lo, restaurá-lo, revigorá-lo e energizá-lo. Saiba que tudo o que existe no mundo trabalha em conjunto para os que amam a Deus, para os que são chamados segundo o Seu propósito. O Deus que vive em você está curando-o da desconfiança aqui e agora.

Resumo do capítulo

- Se você acredita que é um fracasso e se aceita como um fracasso, com toda a certeza fracassará. Pense no sucesso. Tome consciência de que você nasceu para ser bem-sucedido e progredir, porque para o infinito não existe o fracasso. Em sua mente, veja-se como uma pessoa bem-sucedida, livre e feliz, e assim será. Tudo o que você pensa e sente como verdadeiro em sua mente racional já esta embutido no seu subconsciente e ele o fará acontecer. Essa é a lei da mente, imutável e eterna.

- O que você mais precisa é acreditar em si próprio, no que está fazendo e no que pretende fazer. A autoconfiança aumenta quando é acompanhada pela crença de que seu verdadeiro eu é Deus e que para Deus tudo é possível.

- O primeiro passo na construção da autoconfiança é acreditar no poder infinito que está dentro de você.

- Em que uma pessoa extremamente rica ou um renomado executivo é diferente de você? Eles simplesmente confiam em si próprios. Acreditam em si mesmos e na sua força interior que, afinal, significam a mesma coisa. Eles agem com confiança e baseados na fé que têm em determinados princípios ou no poder da mente. O primeiro passo para criar autoconfiança é acreditar que existe um poder infinito dentro de você.

- Decida agora, neste instante, a fazer o que quer fazer e ser o que deseja ser, e todos seus desejos serão atendidos. Você receberá de acordo com sua crença.

CAPÍTULO 2
Aprenda a se amar

Um dos mais profundos anseios do ser humano é ser reconhecido pelo seu verdadeiro valor e, por isso, ser respeitado, apreciado e amado.

Na Bíblia encontramos o ensinamento: "Ama teu próximo como a ti mesmo". Note que você não pode realmente amar os outros sem amar a si próprio.

Thomas Carlyle, filósofo e escritor inglês, escreveu: "Uma das coisas mais sagradas deste mundo é a veneração do valor humano vinda do coração dos homens." No Salmo 8, lemos:

> ...quando vejo para os Teus céus, obra dos Teus dedos, a lua e as estrelas que preparaste:
> Que é o homem mortal para que te lembres Dele? E o filho do homem, para que o visites?
> Pois pouco menor o fizeste do que os anjos, e de glória e de honra o coroaste.
> Fazes com que Ele tenha domínio sobre as obras das tuas mãos; tudo puseste debaixo de Seus pés;
> Todas as ovelhas e bois, assim como os animais do campo,
> as aves dos céus e os peixes do mar, e tudo o que passa pelas veredas dos mares.

AUMENTE O PODER DO SEU SUBCONSCIENTE
PARA DESENVOLVER A AUTOCONFIANÇA E A AUTOESTIMA

Nesse belo poema, Davi fala com eloquência das tremendas potencialidades encontradas no âmago dos seres humanos.

Atualmente, estamos sendo testemunhas da grandiosidade da infinita inteligência por meio de inúmeras descobertas. Vivemos em uma era de velocidade supersônica, de energia atômica, de alta tecnologia. Todas as incríveis máquinas que singram os mares, percorrem a terra e alcançam o espaço sideral tiveram origem na mente humana.

Os matemáticos dizem que para explicar o mundo em que vivemos é preciso recorrer a abstrações e que somente os cientistas são capazes de entender a causa da torrente de invenções que vêm surgindo nos últimos cem anos. Entretanto, estamos adentrando nas profundezas da mente e pouco a pouco aumenta a consciência de termos o reino de Deus dentro de nós. Pesquisas feitas na Duke University e em outros laboratórios acadêmicos estão estudando os poderes da mente e comprovando a existência da telepatia, clarividência, clariaudiência, telecinese, viagens fora do corpo, precognição, retrocognição e muitas outras faculdades da mente humana.

Recebi uma carta de uma mulher do Arizona, na qual dizia que sua cunhada e sua sogra a viam com maus olhos e lhe haviam dito na cara que não gostavam dela e preferiam a ex-esposa do seu marido. Elas nunca a convidavam para sua casa e sempre pediam ao filho e irmão para ir visitá-las sozinho. Apesar de a mulher fazer todo o possível para agradá-las, sempre criticavam sua comida, o modo como arrumava a casa, suas roupas e seu sotaque. Ela, como seria de se esperar, estava se sentindo rejeitada e inferior, e perguntava: "Por que elas fazem isso? O que há de errado comigo?"

Na resposta, salientei que ela estava sofrendo sem necessidade e sem um real motivo. Tinha em si o poder de recusar e rejeitar as

APRENDA A SE AMAR

palavras venenosas das parentes, sua grosseria e falta de civilidade. Expliquei-lhe também que não fora ela que criara a sua sogra e sua cunhada, e que não tinha a menor responsabilidade pelas atitudes ciumentas e invejosas e pelos complexos das duas.

Disse-lhe para parar de colocá-las em um pedestal e deixar de ser capacho. Se você acha que é desprezível, todos pisarão em você. Acrescentei que acreditava que era a educação, bondade, simpatia e bom caráter que denotava em sua carta que as irritava e elas se vingavam por meio de uma satisfação sádica em perturbá-la.

Aconselhei-a a romper todas as relações com elas e parar de se rebaixar para tentar ganhar sua simpatia. Falei que precisava assumir uma atitude de autoestima e autorrespeito. Em outras palavras, precisava amar a si própria, porque Deus era o seu verdadeiro eu. Escrevi a seguinte prece para ela:

Entrego minha sogra e minha cunhada a Deus. Ele as criou e lhes dá sustento. Irradio amor, paz e benevolência para elas e lhes desejo todas as bênçãos do céu. Sou uma filha amada de Deus. Deus me ama e cuida de mim. Quando um pensamento negativo de raiva, medo, autocrítica ou rancor surge em minha mente, eu imediatamente o afasto com o pensamento de que Deus vive dentro de mim. Por isso, tenho completo domínio sobre meus pensamentos e emoções. Sou filha do divino. Agora dirijo todos os meus pensamentos e emoções para percorrer estradas harmoniosas e construtivas em minha vida. Somente as ideias de Deus entram em minha mente, me trazendo harmonia, saúde e paz. Sempre que estiver a ponto de me rebaixar, afirmarei com ousadia: "Exalto Deus dentro de mim. Sou una com Deus e o fato de ser una com Ele já constitui uma maioria. Se Deus é por mim, quem poderá ser contra mim?"

41

Essa mulher passou por uma completa transformação em sua mente e coração ao seguir minhas instruções. Posteriormente, ela me escreveu: "A oração fez maravilhas por mim. No outro dia meu marido perguntou: Você está radiante. O que lhe aconteceu?"

Há pouco tempo um homem veio se consultar comigo. Disse que era tímido, experimentava uma sensação de inadequação em todos os lugares e achava que o mundo era duro e cruel. Logo percebi que procurava fugir de qualquer tentativa de impor seu direito sobre a vida. Continuando as queixas, ele me contou que sua esposa, seu chefe e colegas de trabalho não gostavam dele e até seus filhos o tratavam com desdém. Ficou evidente que a causa de tudo era a sensação de insegurança e inadequação que abrigava em seu interior. Ele se desprezava, era mesquinho consigo mesmo, e quando alguém é cruel consigo mesmo, o mundo inteiro é cruel com ele. Como é no interior, é no exterior. Ele me perguntou:

— Como posso conquistar a simpatia dos outros?

— Para começar, você tem de gostar de si mesmo, tem de criar uma nova personalidade, um novo modelo de ser.

Prossegui contando-lhe o que captara do conjunto de seus queixumes, explicando-lhe que a pessoa que se despreza ou deprecia não pode atrair a estima e respeito dos outros, porque a lei da mente diz que estamos constantemente projetando nossos pensamentos, sentimentos e crenças para os que nos rodeiam. E o que enviamos volta para nós.

Expliquei-lhe que somos todos filhos do infinito e todas as qualidades e poderes de Deus estão dentro de nós, prontos para se expressarem. Devemos amar, honrar e exaltar essa presença divina dentro de nós, o Deus Residente. Somos o templo do Deus vivo. Deus mora dentro de nós, caminha e conversa em nós. O amor por si próprio, no verdadeiro significado bíblico, é honrar,

APRENDA A SE AMAR

reconhecer, exaltar, respeitar e se aliar ao Espírito vivo que vive dentro de nós, é ter um respeito saudável, reverente e total pela divindade.

Essa atitude não tem nada a ver com egoísmo, egocentrismo ou narcisismo, longe disso. Ao contrário, é uma veneração sadia pela divindade interna, porque somos o templo do Deus vivo. A suprema inteligência nos criou, nos anima e nos sustenta. Temos de nos aliar a Ela. Não se deve dar poder a paus e pedras, a condições, circunstâncias, estrelas e planetas, homens ou mulheres, ao clima ou qualquer outra coisa que existe neste mundo. No momento que isso acontece, estamos deixando de amar a Suprema Causa, Substância e Amor, deixando de ser leais a Ela.

O Espírito soberano que vive em nós é a suprema causa. Portanto, os pensadores científicos não conferem poder a alguma coisa criada, não dão força ao mundo dos fenômenos. Eles dão poder ao Espírito, ao poder criador que creem, com absoluta convicção, existir dentro deles. Agindo assim, eles amam o Eu, seu real Eu. Quando honramos e exaltamos o Deus que habita nosso interior, automaticamente honraremos e respeitaremos a Divindade nos outros. Quem não ama seu verdadeiro eu é incapaz de amar sua mulher, seu marido, seus pais, qualquer outra pessoa. É algo impossível, porque ninguém pode dar o que não tem.

Nós nos apoderamos do amor divino que vive em nós por meio da honra e veneração. Como disse o filósofo estadunidense, Emerson: "Eu, o imperfeito, adoro o perfeito." O infinito está deitado em sorridente repouso dentro de você. Glorifique Deus em seu corpo, porque você é um templo do Deus vivo. Quando honramos, respeitamos e amamos o eu interior, automaticamente amamos, estimamos e honramos os outros.

O meu consulente ouviu minhas palavras com avidez e depois falou: "Ninguém foi capaz de me explicar dessa maneira até agora. Estou compreendendo o modo como venho me comportando. Sim, faz tempo que me deprecio. Eu estava cheio de preconceitos, má vontade e amargura, e o que irradiava para os outros voltava para mim. Agora tomei consciência do meu verdadeiro eu."

Esse homem começou a declarar com grande sinceridade as afirmações que escrevi para ele e o fazia várias vezes por dia. Foi aprendendo a amar a si próprio, ao seu Eu superior. As sementes que plantava no subconsciente foram germinando, gerando frutos da sua espécie. Essa é a oração:

> Sei que só posso dar o que possuo. Deste momento em diante, terei um profundo e reverente respeito pelo meu verdadeiro Eu, que é Deus. Sou uma expressão de Deus, e Ele precisa que eu esteja aqui e agora, porque, se não fosse assim, eu nem estaria aqui. Deste momento em diante, eu honro, respeito e saúdo a divindade em todos os membros da minha família, em meus colegas e meu próximo. Venero e estimo o Eu superior de todos os seres humanos. Sou uno com o infinito, o que me faz ser bem-sucedido em todas as minhas empreitadas. Desejo a todos o que desejo a mim mesmo. Estou em paz.

Sim, aprenda a se amar e entenda o verdadeiro significado dessa atitude. O Eu superior é a divindade que vive no âmago do seu ser e você tem de lhe oferecer devoção e lealdade, precisa se aliar a ele, recusando-se a dar poder para qualquer coisa criada. Desejo enfatizar essa necessidade, porque, se você está venerando estrelas e planetas, duendes e espíritos ou os elementos do universo, não está adorando a Deus. Você se afastou do divino.

APRENDA A SE AMAR

O homem que seguiu minhas instruções transformou sua vida. Não é mais tímido nem rancoroso, deixou de se desculpar por estar vivo e não se submete a ninguém. Está progredindo a passos largos. Aprendeu a amar seu verdadeiro eu e a amar e respeitar os outros. Irradia carinho e respeito, e é isso que recebe daqueles que o cercam.

Ocorreu-me agora falar sobre o tipo de mãe que se esquece de si própria. Ela usa roupas velhas, come os restos da comida e dá a parte melhor para os filhos. Compra pão para ela e filé mignon para eles. Com certeza acredita que está tendo uma atitude nobre. Esse, porém, é o pior exemplo que poderia dar aos seus filhos. Deveria estar sempre bem arrumada, dividir igualmente a comida e ensinar aos filhos que as riquezas do infinito estão à nossa disposição, explicando-lhes que Deus nos fez ricos e não temos de aceitar a pobreza.

Prentice Mulford, um dos pioneiros do movimento Novo Pensamento, escreveu sobre esse tipo de mulher. "Ela diz, 'Estou ficando velha e decadente, desgastada pelo sofrimento e não tenho o que deixar para os meus filhos. Só me resta ser um capacho para eles, sob forma de empregada, cozinheira e enfermeira.'" Um péssimo exemplo, é óbvio. O certo seria amar seu Eu interior e honrá-lo, e honrar também a divindade em seus filhos, ensinando-lhes que o infinito e a eternidade estão dentro deles.

Recebi uma carta de um homem dizendo que não conseguia entender por que todos que o cercavam lhe causavam irritação. Pedi-lhe que viesse conversar pessoalmente comigo e descobri que era um sujeito mal-humorado e vivia implicando com os outros. Não gostava de si mesmo e só pensava nos seus defeitos. A autocrítica e a autocondenação são os mais destrutivos dos venenos mentais, porque espalham uma infecção psíquica por todo o organismo e roubam a vitalidade, o entusiasmo e a energia, fazendo a pessoa se transformar em um "caco" físico e mental.

O homem falava num tom tenso e irritado, e sua voz era áspera. Praticamente só pensava em si próprio e criticava acerbamente os outros. Expliquei-lhe que apesar dos acontecimentos infelizes de sua vida aparentemente serem causados por outras pessoas, o verdadeiro responsável era ele mesmo, devido ao modo como pensava e sentia. Salientei que a pessoa que despreza a si mesma não pode ter simpatia e respeito pelos outros e que, pelos ditames da lei da mente, estamos sempre projetando nossos pensamentos e sentimentos sobre os que nos cercam.

Sempre exalte Deus dentro de você. Quando perceber uma tendência de se criticar, diga: "Exalto Deus que está dentro de mim e Ele tudo cura." Se achar necessário, repita essa afirmação milhares de vezes por dia. Com o tempo, ela ficará impregnada em sua mente e você passará a gostar cada vez mais da sua própria pessoa.

O homem começou a entender que enquanto irradiasse sentimentos de preconceito, má vontade e desprezo pelos outros, receberia um troco exatamente igual, porque seu mundo era apenas um eco das suas atitudes e estados de espírito. Dei-lhe então uma fórmula mental e espiritual que o permitiu superar sua irritação e ignorância. Ele decidiu gravar os seguintes pensamentos no seu subconsciente, que também recebe o nome de Livro da Vida:

De agora em diante estou pondo em prática a Regra de Ouro, o que significa que tudo o que penso e falo sobre os outros é o que gostaria que eles pensassem e falassem sobre mim, e que os trato como gostaria de ser tratado por eles. Sigo serenamente meu caminho e estou livre, porque deixei de me preocupar com os defeitos dos outros. Com toda a sinceridade desejo paz, prosperidade e sucesso aos meus semelhantes. A paz de Deus inunda minha mente e todo o meu ser. Estou sempre sereno, calmo e equilibrado. Os outros me valorizam e me respeitam como eu me valorizo e respeito. A vida me honra e me provê abundantemente. As pequenas irritações do cotidiano não me afetam. Quando o medo, a preocupação, a dúvida ou as críticas dos outros chegam a mim, a fé na bondade, verdade e beleza divinas fecha a minha mente ao mal. As sugestões e declarações dos outros não têm poder para me perturbar. O único poder que reconheço é o movimento causado pelos meus próprios pensamentos. Quando tenho pensamentos vindos de Deus, eles são poderosos.

O homem afirmou essas verdades diariamente, pela manhã e à noite, pondo emoção e sentimento nas afirmações. Depois de alguns dias, já sabia a oração de cor e punha todo o seu coração nas palavras vida, amor e serenidade. Essas ideias foram penetrando nas camadas da sua mente subconsciente. Algumas semanas depois, ele entrou novamente em contato comigo:

Tenho plena consciência de que minha nova compreensão sobre o funcionamento da mente modificou completamente a minha vida. Agora me esforço para ter um comportamento diferente da maioria das pessoas. Em termos profissionais também estou progredindo, recebi duas promoções nos últimos dois meses.

Quando exaltamos a presença de Deus dentro de nós, estamos nos elevando, criando um novo conceito sobre nós mesmos, criando um novo modelo de vida. Todos nós queremos afeto, queremos o amor da família. Desejamos que nosso chefe e nossos colegas nos apreciem e reconheçam nosso valor. Como já disse, quem não tem bom conceito sobre si mesmo e acredita que não passa de um verme, será pisado por todos que o cercam.

Esse meu consulente aprendeu que o problema estava dentro dele e decidiu modificar seus pensamentos, sentimentos e reações. Qualquer pessoa pode fazer essa mudança, mas vai precisar ter uma atitude resoluta, persistência e profundo desejo de se transformar. Comece agora mesmo seu processo de mudança.

Um astrônomo, meu amigo, me disse que por anos estivera olhando para o firmamento, procurando descobrir a verdadeira história da criação e entender o enigma do universo. Ultimamente, contudo, passara a olhar para dentro de si próprio. Sorrindo, me disse que agora usava o lado errado do telescópio e acrescentou que essa era a extremidade que importava, porque Deus está dentro de nós, e o segredo da criação e as respostas para o mistério do cosmos estão em nosso interior. Quando aprendermos tudo sobre nós mesmos, teremos aprendido sobre o universo.

Chegou a hora de analisar o analista. Na tentativa de encontrarmos felicidade, paz e prosperidade fora de nós, nos esquecemos de olhar para nosso interior, para o infinito tesouro que existe no subconsciente. Onde encontraremos paz, equilíbrio e felicidade senão em nosso próprio coração, através dos pensamentos, emoções e um sentido de unidade com as verdades eternas e os valores espirituais da vida?

Shakespeare escreveu: "Como um homem pode ser malvado consigo mesmo?" Como uma pessoa é capaz de afirmar, como uma mulher fez diante de mim "Eu sou um nada"? É incrível. Ela é criação do infinito, filha do Deus vivo e eterno. E Deus lhe deu

APRENDA A SE AMAR

tudo, deu-se a si mesmo. A vida que pulsa nela é Deus. Diante desse conhecimento, uma atitude mental tão depreciativa chega a causar espanto.

William Shakespeare disse: "Que obra de arte é o homem, quão nobre em razão, quão infinito em faculdades, em forma e movimento, quão admirável, em ação como um anjo, na compreensão, como um deus." Quem não terá uma boa opinião sobre si mesmo depois de ler ou ouvir essas palavras? Você não está sentindo um novo respeito pelo seu Eu superior, que lhe deu o primeiro batimento cardíaco e cuida de você mesmo durante o sono mais profundo?

Emerson disse: "Existe uma única mente, que é comum a todos os indivíduos" e também: "O homem que ganha o direito de raciocinar é um cidadão livre do Estado sagrado." Comece a acreditar nessas palavras. Perceba que a infinita inteligência, o princípio orientador do universo está dentro de você, é o seu Eu superior. Não estou falando do seu ego ou do seu intelecto, mas do Ser infinito em seu interior, que cicatriza um ferimento e rege todos os seus órgãos vitais. Ele governa todos os processos e funções do seu organismo, e lhe dá a capacidade de fazer escolhas, de usar a imaginação e de pôr em ação todos os poderes divinos que estão latentes no seu coração. Sua mente é a mente de Deus, porque existe uma única mente.

Quando de maneira consciente, decidida e construtiva você usa a infinita sabedoria, torna-se, como disse Emerson, um cidadão livre do Estado sagrado. O filósofo também o inspira a aumentar seu conceito sobre você mesmo, quando anuncia esta profunda verdade: "O que Platão pensou qualquer homem pode pensar. O que um santo sentiu, ele pode sentir. O que, em qualquer época, aconteceu a qualquer outro homem, ele pode compreender. Qualquer um que tenha acesso à mente universal é partícipe de tudo o que existe ou pode ser feito, porque é o único e soberano agente." Perceba o quanto você é maravilhoso. Emerson foi o maior filósofo dos Estados Unidos, um dos maiores pensadores de todos os tempos e mantinha-se em constante sintonia com o infinito. Ele sempre nos incentivou a liberar as infinitas potencialidades que estão em nosso interior.

Em suas palestras, Emerson ensinava sobre a dignidade e grandeza dos seres humanos e salientava que os grandes homens só nos parecem grandes porque estamos de joelhos. Também dizia que atribuímos grandeza a Platão e tantos outros porque esses sábios agiam fundamentados no que eles próprios pensavam e não com base no que os outros acreditavam ou no que imaginavam que eles deveriam pensar. Aja como esses grandes homens, comece a ter um elevado, nobre e digno conceito de si mesmo.

Recebi uma carta de uma mulher, dizendo: "Há cerca de um ano, meu marido me deixou por uma mulher mais jovem. Fiquei com tanta raiva que meu médico atribuiu o súbito aparecimento de uma crise de artrite ao choque emocional que eu sofrera e à raiva, hostilidade e ódio que abrigava dentro de mim. Há uns três meses, depois de ler seus livros, comecei a clamar com ousadia que meu corpo é um templo do Deus vivo e que glorifico Deus dentro de mim. Diariamente, cerca de quinze minutos de manhã, à tarde e à noite, afirmo que o amor de Deus permeia todos os átomos do meu organismo. Também passei a rezar pelo meu ex-marido, pois entendi de alma e coração que para Deus me saturar de amor eu precisaria me livrar do ódio. O amor expulsa o ódio; a paz expulsa o sofrimento; a alegria expulsa a tristeza. Houve uma notável mudança no meu corpo. O inchaço e a dor lancinante estão diminuindo. Minhas articulações começaram a se soltar porque meu organismo está reabsorvendo os depósitos minerais que nelas se depositaram. Meu médico não esconde sua surpresa. Agora estou convencida de que sou filha de Deus e que Ele me ama e cuida de mim. Sei que esse novo modo de ver a mim mesma trouxe maravilhas à minha vida. O ódio, o rancor pelo meu marido não existe mais e estou a caminho da saúde perfeita. A divina lei e a divina ordem me governam."

Você também pode exaltar Deus em seu coração, sabendo que ele é "Poderoso para curar", como diz a Bíblia. E enquanto você o honra e valoriza, conscientizando-se de que é o templo onde ele habita, será capaz de ouvir os passos abafados desse hóspede invisível, sentirá intimidade com a divina presença, que bate na porta do seu coração. E o coração se abre de dentro para fora.

Abra sua mente e coração agora mesmo, deixe fluir o Espírito Sagrado e sinta a luz e a paz pulsando em todas as células do seu corpo. Você está banhado pela luz e imerso na sagrada onipresença, e se continuar conscientizando-se de que é um filho do Deus vivo, maravilhas também acontecerão em sua vida.

A mulher que teve a crise de artrite descobriu o que o poder da verdadeira autoestima pode fazer. Notou que quando começou a pensar em si própria como um templo habitado por Deus e passou a honrá-lo, exaltá-lo e a pedir seu auxílio, Ele respondeu com sentimentos de amor, paz, harmonia, confiança, alegria, vitalidade, integridade e benevolência. Quando começou a se amar e se respeitar, todo o ódio desapareceu e o amor apressou-se para ocupar o seu lugar.

A Bíblia diz: "O homem é o que pensa ser em seu coração." Em termos bíblicos, coração é o subconsciente. Portanto, sua vida reflete as imagens que você cria com seu pensamento e grava no seu subconsciente.

AUMENTE O PODER DO SEU SUBCONSCIENTE
PARA DESENVOLVER A AUTOCONFIANÇA E A AUTOESTIMA

Acredite que a bondade de Deus está presente aqui, no mundo dos vivos, e na orientação do Espírito infinito que habita seu coração. Deus é Espírito e os que O adoram, o fazem em Espírito e verdade. Adorar é voltar toda sua atenção para o Eu superior que existe dentro de você, considerá-lo digno de uma suprema devoção e recusar-se a dar poder a qualquer coisa que tenha sido criada por Ele. Saiba também que o Deus que reside no coração do seu próximo é o mesmo Deus que habita em você. Magoar outra pessoa é magoar a si próprio.

Em posse dessa verdade, comece a praticar uma prece magnífica. Diga a si mesmo:

Abençoo e exalto o bem que há em todos os seres humanos. Exalto Deus dentro de mim. Também honro e exalto Deus que habita o coração do meu próximo.

Se for casado, saúde a divindade no seu cônjuge, afirmando que o que é verdade de Deus é verdade para ele, e seu casamento será cada vez mais abençoado. Muitos casais parecem aves de rapina e alimentam-se dos defeitos um do outro. Têm o pensamento fixo nas falhas do parceiro, vivem reclamando e acumulando ressentimentos, afastando-se do amor e da harmonia, o que resulta em um relacionamento tumultuado ou em divórcio, porque a separação já estava consumada na mente.

Os psicólogos nos dizem que cada indivíduo cria um roteiro de vida para si próprio, um script que pode ser pleno de autoestima e otimismo ou de baixa autoestima e pessimismo. Entretanto, não interprete essa afirmação como uma indicação de que pessoas com elevada autoestima são sempre alegres e otimistas e os com baixa autoestima vivem deprimidos. A vida é cheia de altos e baixos e todos nós atravessamos fases difíceis, nas quais parece que nada dá certo. A diferença é que os otimistas se recuperam mais rapidamente.

As pessoas com elevada autoestima escreveram roteiros positivos para sua vida e gostam de si próprias. É importante gostarmos de nós mesmos? É óbvio que sim. Ao dar os dez mandamentos para Moisés, Deus nos ordenou a amá-lo acima de todas as coisas e, segundo o Gênesis, Deus criou o ser humano de acordo com Sua imagem e semelhança. Ter uma elevada autoestima é uma premissa básica para haver respeito por si mesmo e por Deus.

Muitas pessoas que acreditavam ser cheias de defeitos foram capazes de derrotar essa crença tomando medidas para aumentar sua autoconfiança. Lançando mão de ajuda profissional ou através de uma reprogramação da sua mente, foram capazes de reescrever o script no qual basearam sua vida.

Há casos em que a baixa autoestima, ou pior, o desprezo por si próprio tem profundas raízes psicológicas, o que exige tratamento com um psicólogo ou psiquiatra. Se não forem resolvidos a tempo poderão gerar graves consequências. A maioria de nós não chega a esse ponto. Podemos ter quedas ocasionais na nossa autoestima e nos recuperarmos sem apoio profissional. Uma palavra de incentivo de um amigo, cônjuge, patrão ou padre é sempre útil, mas mesmo sem essa ajuda conseguimos voltar ao normal.

Todos nós tivemos e teremos êxitos e fracassos na vida. O fracasso cria duas consequências: uma é o aspecto tangível, a perda em si; a outra é o aspecto intangível, o que afeta a autoestima. Aprendemos a lidar com o tangível usando a aritmética e matemática, mas enfrentar as consequências psicológicas é um processo muito mais complexo. Porém, é possível lidar com isso.

AUMENTE O PODER DO SEU SUBCONSCIENTE
PARA DESENVOLVER A AUTOCONFIANÇA E A AUTOESTIMA

Podemos superar essas fases concentrando-nos nos nossos êxitos. Ao percebermos que estamos entrando em depressão, com a autoestima em maré baixa, é errado ficarmos remoendo o fracasso. Pensando nas vezes que fomos bem-sucedidos, acabamos nos convencendo de que se fizemos antes, poderemos fazer de novo. Essa atitude reforça a autoestima e nos permite mudar o roteiro que está em nossa mente, fazendo as lamúrias se transformarem em alegria pelo sucesso.

A autoestima é perecível e tem de ser constantemente nutrida e reforçada. Somos como uma equipe esportiva que precisa de um técnico capaz de instilar entusiasmo e autoconfiança em seus membros, impelindo-os a empenhar todos os seus esforços para ganhar o jogo. Precisamos de uma conversa como essa quando nosso entusiasmo pela vida está se desvanecendo, quando entramos em depressão ou experimentamos um fracasso. Mas, onde está o técnico?

Temos de ser nossos próprios técnicos. Você já se deu "uma dura" para sair de uma fase depressiva? Às vezes precisamos de uma boa sacudida para nos lembrarmos que somos bons, que somos ganhadores, que seremos vitoriosos.

Somos nossos próprios técnicos, mas precisamos de um coordenador geral. Deus. Orar é um meio de vencer a depressão e o pessimismo. A prece convida Deus a fazer Sua presença inundar nosso espírito, a deixar Sua vontade prevalecer em nossa vida. A prece não pode trazer água a campos ressecados, consertar uma ponte quebrada e nem reconstruir uma cidade arrasada, mas é capaz de irrigar uma alma árida, consertar um coração partido e restaurar uma força de vontade enfraquecida.

A autoestima rege a nossa vida. Na juventude ela nos impele à frente, na maturidade nos sustenta e na velhice nos renova. Temos de substituir as palavras negativas do nosso script pessoal por palavras positivas. Em vez de palavras de desespero, palavras de esperança; em vez de palavras de fracasso, palavras de sucesso; em vez de palavras de derrota, palavras de vitória; em vez de palavras de preocupação, palavras de encorajamento; em vez de palavras de apatia, palavras de entusiasmo; em vez de palavras de ódio, palavras de amor.

Eu rezo para que todos nós alimentemos nossa mente e alma com palavras de encorajamento, de amor e autoestima. Porque, se não amarmos a nós mesmos, não poderemos amar nosso próximo, nem verdadeiramente amar a Deus.

Resumo do capítulo

- Você tem de se amar, porque seu verdadeiro eu é Deus. Se você honra e exalta Deus dentro do seu ser, automaticamente honra e respeita a divindade nos outros. Mas quem não ama o seu Eu Superior, não pode dar amor ao seu cônjuge nem a qualquer pessoa. Isso é impossível porque ninguém pode dar o que não tem.

- Quem se deprecia não pode ter nem simpatia, nem respeito pelos outros. A lei da mente diz que estamos sempre projetando nossos pensamentos e emoções sobre os que nos cercam.

- Na tentativa de encontrar felicidade, paz e prosperidade fora de nós mesmos, nos esquecemos de olhar para o nosso interior, no qual existe um imenso depósito de riquezas dentro do nosso subconsciente. Onde se pode encontrar equilíbrio, paz e felicidade senão na nossa mente? Essas bênçãos vêm a nós por meio de pensamentos, emoções e do sentido de unidade com as eternas verdades e valores espirituais da vida.

- Pessoas com elevada autoestima escreveram roteiros positivos para a sua vida e gostam de si próprios. E, é importante gostarmos de nós mesmos? É óbvio que sim. Deus ordenou que O amássemos com todo nosso poder, nossas forças, nosso ser. Ele criou o ser humano à Sua imagem e semelhança. Uma autoestima elevada é essencial para haver respeito por si próprio e por Deus.

- Quando estamos deprimidos, com a autoestima na maré baixa, em vez de lamentar o fracasso, devemos refletir sobre êxitos anteriores. O que fizemos antes, podemos voltar a fazer. Essa atitude reforça a autoestima e nos dá a possibilidade de modificarmos o roteiro que criamos para a nossa vida, saindo das lamúrias, devido ao fracasso, para a alegria do sucesso.

- Alimente sua mente e alma com orações repletas de palavras de encorajamento, de amor e autoestima. Sim, enquanto você não amar a si mesmo, não conseguirá amar Deus de verdade.

CAPÍTULO 3
O amor e uma nova autoimagem

É possível construir uma nova autoimagem. A palavra "imagem" está relacionada com "imaginação", que também é chamada de "oficina de Deus". É a imaginação que dá forma às ideias.

Os pintores, por intermédio da imaginação, dão forma às suas ideias, "vestindo-as" com tinta e pincel.

A imaginação concretiza o que está oculto no eu mais profundo e, através dela, o que existe sob a forma latente ou adormecida no subconsciente recebe forma e pensamento. Vemos na imaginação o que ainda não foi revelado. Darei alguns exemplos.

Uma jovem, antes do casamento, tinha um quadro vívido e realista na mente. Com o poder da imaginação via sua entrada na igreja, as flores, os convidados, o sacerdote e o noivo esperando-a no altar, ouvia a música e as palavras trocadas enquanto sentia a aliança entrando em seu dedo anular. Em sua imaginação, transportava-se para o lugar onde passariam a lua-de-mel. Da mesma maneira, um rapaz, ansioso pelo dia da formatura, dava forma aos seus pensamentos, criando em sua mente um quadro da cerimônia, vendo o reitor sorrindo ao lhe entregar o diploma, seus colegas em traje de gala, ouvia os pais e a namorada dando-lhe os parabéns e sentia seus abraços e beijos.

As imagens surgem em nossa mente como vindas do nada, mas sabemos e temos de aceitar que há em nosso interior um Criador com o poder de dar forma aos pensamentos e conceder-lhes voz, movimento e vida. As imagens lhe dizem: "Existimos somente para você." Quer ser maior do que é? Quer ser mais importante, mais nobre, ter maiores qualidades do que tem agora? Quer ter melhor saúde, melhor disposição? A primeira coisa a fazer é desistir dos pensamentos negativos para praticar a visualização criativa. Está de fato querendo abandonar o velho para viver o novo?

Quando o dono de uma loja constata que em suas prateleiras há mercadorias velhas, estragadas e empoeiradas, ele não as troca por novas? Você deve imitá-lo, afastando seu antigo modo de pensar para substituí-lo por outro, mais novo e construtivo. Imagine, por exemplo, que você está fazendo o que mais sonha em realizar.

Uma moça da minha congregação, que estudava canto e dança desde menina e era muito talentosa, sonhava em ser atriz de musicais. Ela começou a criar quadros mentais nítidos e realistas, vendo-se vestida a caráter, sentindo os movimentos que fazia durante a dança e ouvindo a música que cantava com emoção... em seu pensamento. Via sua mãe e amigos sentados na plateia, aplaudindo-a com entusiasmo, e depois sentia seus beijos e abraços enquanto ouvia elogios à sua atuação. Tudo era muito vívido e real. A jovem repetia constantemente essa mentalização e sua persistência foi premiada. Alguns meses depois foi contratada para participar de um espetáculo em Las Vegas e, desde então, tem atuado em várias cidades dos estados da Califórnia e Nevada. Em suma, essa moça começou a imaginar o que queria ser, criou uma nova imagem de si mesma e apaixonou-se por essa ideia, deixou-se fascinar por ela.

O amor é uma fascinação. É possível nos apaixonarmos pela arte, pela música, pelas leis. Qualquer pessoa pode sentar-se numa posição confortável e contemplar saúde, felicidade, paz de espírito, abundância, segurança, inspiração e orientação para agir da ma-

O AMOR E UMA NOVA AUTOIMAGEM

neira correta. Reflita sobre essas ideias, dê-lhes atenção, devoção e lealdade, deixe-se fascinar por elas e devido às leis que regem a mente, seu subconsciente as transformará em realidade. Você é o que pensa em seu coração.

Digo que você é o que pensa no seu coração porque para as ideias se concretizarem, precisam receber uma carga emocional e serem sentidas como verdadeiras. A repetição das imagens mentais faz com que elas afundem no subconsciente e fiquem impregnadas nele. Esse processo faz com que elas se tornem compulsivas. Você, então, será compelido a ser e executar o que visualizou em suas meditações.

Essa é a lei do subconsciente e você precisa se apaixonar por ela, porque, habituando-se a colocá-la em prática, será capaz de criar tudo o que deseja. Como o amor expulsa qualquer tipo de medo e preenche o lugar antes ocupado por ele, abre-se a oportunidade para a construção de uma autoimagem mais elevada. Quanto mais se deixar fascinar por ela, mais ela se fortalecerá.

Mas de onde surgem essas imagens tão nítidas e cheias de detalhes que conseguimos criar? O poeta inglês Keats dizia que há uma sabedoria ancestral em nós e que se quiséssemos, poderíamos beber esse vinho do paraíso. Ele usava muito seu poder de visualização e seus biógrafos contam que costumava manter longas conversas imaginárias com as mais diferentes pessoas. Quando se defrontava com um problema mais sério, imaginava um dos seus amigos sentado à sua frente e lhe pedia conselhos. Essa pessoa lhe dava a resposta adequada acompanhada dos mesmos gestos, tipo de voz e atitude que tinha em sua vida cotidiana. Esse é um dos motivos pelos quais dizem que a imaginação é a oficina de Deus.

Um empresário cujo negócio está prosperando, mas tem o pensamento sempre voltado para o lado negativo da vida, é um bom exemplo do uso destrutivo da imaginação. Ao voltar para casa depois do expediente, ele se deixa levar pela preocupação e cria em sua mente um filme sobre o fracasso, vendo seus estoques diminuindo, as vendas caindo, a obrigação de pedir concordata e o subsequente fechamento da empresa. Todavia, enquanto dá abrigo a esses pensamentos, seu negócio continua em franco progresso e não há nada de verdade nesse filme mental. Em suma, o que ele tanto teme só existe em sua imaginação doentia. Entretanto, se continuar reforçando diariamente esse quadro mental de derrota, o fracasso ocorrerá. Cabe a ele escolher entre o êxito e a falência, mas o receio o faz estar com o pensamento fixo na pior hipótese.

Na ciência da imaginação, a premissa mais importante é livrar-se das impurezas mentais, como medo, preocupação, diálogo interior destrutivo, autocondenação e tantas outras. Você precisa focalizar toda a atenção no desejo, no ideal, como fez a jovem que sonhava ser uma atriz de sucesso. Recuse-se a ser desviado do seu propósito na vida. À medida que for absorvendo mentalmente a realidade do seu sonho, você irá se apaixonando por uma autoimagem mais elevada e se manterá fiel a ela. Assim, verá seu desejo se tornar realidade.

O Livro de Josué diz: "Escolhei hoje a quem ireis servir." Que sua escolha seja: "Vou imaginar coisas belas e justas, tudo o que é nobre e maravilhoso, tudo o que puder me dar paz e melhor saúde, maior vitalidade e riqueza." Reflita sobre essas afirmações e convença-se de que são verdadeiras.

Quando o desejo entra em conflito com a imaginação, esta sempre vence. Os alcoólatras sabem como ninguém que tentar largar um vício pela força de vontade resulta em um efeito contrário. Acabam bebendo mais ainda, porque ao rezar ou torcer para se manterem sóbrios, ficam pensando na bebida, em copos, garrafas e bares, porque são essas as imagens que estão em sua mente.

O AMOR E UMA NOVA AUTOIMAGEM

Entretanto, os que realmente se livraram do alcoolismo, focalizaram sua atenção na paz de espírito, sobriedade e divindade, na conscientização de que havia uma Força Todo-poderosa lhes dando sustentação.

Nunca tente se livrar de um vício pela força de vontade, porque cada ideia, cada desejo tem sua própria dinâmica, seu funcionamento particular. Na natureza, uma semente gera plantas da sua própria espécie. Quanto mais um viciado pensa em abandonar seu mau hábito, mais está reforçando a compulsão, porque o subconsciente aumenta e multiplica aquilo ao que você dá atenção. Se continuar pensando em uma determinada coisa, você será compelido a concretizá-la em sua vida.

Imagine-se equilibrado, sereno, calmo, relaxado, fazendo o que gosta de fazer. Conheci um advogado de Nova York que era alcoólatra e terminou na sarjeta. Tornou-se praticamente um homem de rua e peregrinava pelos bairros à procura de bebida barata. Tive a oportunidade de conversar com ele e percebi que desejava sinceramente se livrar do vício. Ensinei-o a imaginar que estava novamente no seu escritório, bem barbeado e vestido com apuro, e no tribunal, diante de um juiz, defendendo um cliente. Deveria passar esse pequeno filme em sua imaginação, enquanto pensava: "Isso é o que desejo; quero exercer minha profissão, quero dar o melhor de mim aos meus clientes." Ele não apenas via o filme, mas se esforçava para viver as situações, sentindo a textura da madeira da sua escrivaninha, o tecido do terno elegante contra o seu corpo, ouvindo as palavras do juiz e vendo as expressões dos jurados. Quando vinha a tentação de beber ou os tremores da abstenção, ele imediatamente passava o filme em sua imaginação. Repetiu muitas e muitas vezes esse exercício de visualização até essas imagens penetrarem no seu subconsciente, até ele assumir o controle e compeli-lo a alcançar a sobriedade e paz de espírito.

Não estou falando a respeito de devaneios ou sobre sonhar acordado. É preciso ter confiança no que você está fazendo e no por quê está fazendo. Então virão os resultados. Você pode olhar para uma montanha e admirar sua beleza. Se alguém convidá-lo para subir até o seu cume e você disser "Oh, não, jamais conseguirei ir até lá. Sou velho demais para essas aventuras", nunca conseguirá ver sua beleza de perto. Mas ao contemplar a montanha, vendo-se percorrer a trilha que vai até o topo, dizendo: "Vou chegar até o pico", você subirá até lá, porque decidiu trabalhar mentalmente para atingir esse objetivo. Não se trata de fantasia, porque terá de confiar no que está fazendo e no por quê está fazendo. Essa atitude é que lhe trará os resultados. Apesar do que está sentindo no momento, de algum impedimento físico ou mental, do pensamento que é um fracassado, insista em se ver desempenhando com extrema competência a tarefa que se programou para realizar. Discipline sua mente, expulse a visualização negativa. Dirija toda a sua atenção à realização do seu desejo. Enfronhe-se no papel de ser o que pretende mesmo que em termos conscientes você não tenha inclinação para tal. Repita, repita e repita os movimentos, como você fez quando aprendeu a andar, jogar bola ou nadar. Com a repetição, o subconsciente assimila esse modelo e ele acaba se tornando uma segunda natureza, a reação da mente profunda aos seus pensamentos e atos conscientes. A resposta passará a ser automática. Faça com que a realização dos seus desejos torne-se parte da sua vida.

Sim, você tem de se imaginar desempenhando um papel no teatro da vida e o poder maior o sustentará, porque essa é a lei da mente.

Há algum tempo fui a Reno a pedido de um casal que estava à beira do divórcio depois de vinte anos de matrimônio. Ao conversar

O AMOR E UMA NOVA AUTOIMAGEM

separadamente com eles, percebi que a mulher tinha o hábito de menosprezar o marido e ela admitiu que costumava discutir em termos grosseiros com ele mesmo quando estavam em restaurantes ou festas, acusando-o de ser infiel, o que, segundo soube pelo marido, era pura imaginação dela.

A mulher era extremamente ciumenta e colérica, mas recusava-se a admitir que podia ser a responsável pelo conflito matrimonial. O marido, por sua vez, era calado, passivo, subserviente e aceitava o mau humor e tirania da esposa. Acho que qualquer um chegaria à conclusão de que o homem que suporta esse tipo de comportamento é doente. Sim, é verdade. Esse homem era um verdadeiro capacho. Estamos neste mundo para reivindicar nossos direitos, privilégios e prerrogativas. Devemos defender o que é verdadeiro e dizer sim à vida, dizer sim a ideias capazes de curar, abençoar, inspirar e elevar. Ninguém tem de aceitar atitudes erradas ou ser espezinhado por qualquer outra criatura. Precisamos aprender a dizer não às mentiras da vida e recusar-nos terminantemente a aceitá-las.

Conversando com a mulher, descobri que ela viera de um lar em que a mãe era a figura dominante e que maltratava e traía o marido.

— Minha mãe era uma mulher sem moral — contou. — Ela era cruel, relaxada. Meu pai sempre foi um perfeito idiota. Não levava nada a sério e fechava os olhos para todas as maldades que ela cometia. Era totalmente submisso.

Passei a explicar-lhe o porquê do seu comportamento. Existe um velho ditado que diz: "A explicação é a cura." Para começar, ela jamais recebera sinais de afeto quando era criança e tive a impressão que a mãe sentia ciúmes dela e a fazia se sentir indesejada e inferior. Até se tornar adulta, ela estivera construindo defesas contra a possibilidade de ser magoada. Depois do casamento, surgiu o ciúme, fruto do medo, insegurança e inferioridade. Eu a fiz ver que seu problema básico era a recusa em dar amor e simpatia. O marido, com o passar dos anos, desenvolvera úlceras estomacais e pressão alta, problemas obviamente causados pela raiva reprimida e profundo ressentimento por ser maltratado. Todavia, ele era um sujeito tão submisso que nunca reclamava e que suportava o caos em seu lar havia quase vinte anos. Seria muito mais honrado e decente pôr fim numa mentira do que mantê-la, que é viver em confusão, rancor e hostilidade, que geram o caos, a doença, a pobreza e tudo de ruim que poderia se imaginar.

Não havia amor naquela casa e, onde não existe o amor, não existe nada. Um casamento em que não há consideração, bondade, respeito e compreensão é uma farsa, uma palhaçada, uma situação absolutamente falsa.

Seguindo minha orientação, o casal começou a analisar o que guardava em seu interior. Ela logo percebeu que inconscientemente escolhera um marido que aceitava ser manipulado, insultado e psicologicamente emasculado e, como consequência, não havia um bom relacionamento íntimo entre os dois porque o homem reprimia um profundo ressentimento com a situação criada pela mulher. Como o relacionamento marido-mulher é um ato de amor, ele não podia existir entre esse infeliz casal. Com o passar dos anos, o homem foi perdendo a potência sexual e não mais se interessava pela esposa, mas contou-me que sua virilidade era normal quando se tratava de outras mulheres.

— Cheguei ao máximo que poderia suportar —, queixou-se. — Meu médico me aconselhou a sair desse relacionamento.

O AMOR E UMA NOVA AUTOIMAGEM

A mulher se conscientizou que era mesmo incapaz de dar afeto. Seu ciúme e possessividade, e a raiva que sentia do marido e da família dele, principalmente das suas parentes do sexo feminino, eram apenas uma fachada para esconder sua ânsia pelo amor que não recebera em sua infância. Sonhava em ser amada, mas as cenas que via na sua infância e adolescência estavam profundamente gravadas no seu subconsciente, que a compelira a escolher um marido parecido com o seu pai.

Por incrível que pareça, os dois me disseram que ainda gostariam de tentar salvar o seu casamento. Expliquei-lhes que, para um casamento funcionar, os dois cônjuges precisam se conscientizar que talvez necessitem fazer profundas modificações na sua personalidade. Obtida a concordância dos dois, eu disse para a mulher que seu primeiro passo no caminho de uma mudança seria parar de humilhar o marido e não lhe dirigir palavras ofensivas. Ele, por sua vez, aceitou que deveria exigir seus direitos, prerrogativas e privilégios como homem e chefe de família. Nunca mais suportaria crises de fúria sem protestar nem aceitaria ser xingado.

Resolvi dar a cada um deles a prece que é considerada a mais simples de todas, mas que gera excelentes resultados. Qualquer um pode fazer essa meditação. A mulher foi orientada a ficar em pé diante de um espelho de corpo inteiro, três vezes por dia, e dizer em voz alta:

Eu sou filha de Deus. Deus me ama e cuida de mim. Eu irradio amor, paz e simpatia para meu marido e sua família. Toda vez que pensar nele, direi: "Eu te amo e gosto da tua maneira de ser." Eu sou feliz, gentil, alegre e carinhosa, e crio harmonia à minha volta. A cada dia que passa sinto o amor de Deus fluindo através de mim e derramando-se sobre os que me cercam.

AUMENTE O PODER DO SEU SUBCONSCIENTE
PARA DESENVOLVER A AUTOCONFIANÇA E A AUTOESTIMA

Sempre que se acrescenta as palavras "eu sou" a qualquer desejo, este acaba por se concretizar. Quando olhamos no espelho e fazemos afirmações positivas, sabendo por que estamos fazendo esse exercício, a mente racional funciona como uma caneta que escreve uma nova autoimagem no subconsciente. Quando esses pensamentos ficarem gravados se tornarão compulsivos, porque essa é a lei da mente. Hipóteses, crenças e convicções determinam e controlam todos os atos conscientes.

A mulher gravou na memória a prece que lhe dei. Não é difícil. Seguindo minhas instruções, sabia que repetindo as frases diante do espelho elas seriam materializadas, porque o inconsciente também é um espelho que reflete o que foi gravado nele. A perseverança foi premiada, e, depois de dois meses, ela veio me visitar em Beverly Hills. Vi à minha frente uma criatura totalmente diferente da que viera se consultar comigo pela primeira vez. Estava transformada e mostrou-se afável, cordial e sorridente, e não escondia seu entusiasmo pela sua nova vida. Sim, criara uma nova autoimagem e se apaixonara por ela. O amor liberta e dá sem pedir em troca. O amor é de Deus. Qualquer ser humano pode se apaixonar pela música, pela arte, pelas leis da ciência. Pode amar os animais, a agricultura, se apaixonar por plantas e flores. Apaixonar-se por uma causa, por um partido político. Essa atitude sempre será construtiva porque o amor expulsa o medo.

A receita espiritual que dei ao marido foi similar. Ele teria de ficar diante do espelho duas vezes por dia, por cerca de cinco minutos, e afirmar em voz alta (atualmente ele só pensa):

Eu sou forte, poderoso, amoroso, harmonioso, iluminado e inspirado. Eu sou feliz, bem-sucedido e próspero. Eu amo minha mulher e ela me ama. Quando penso nela, sempre digo: "Eu te amo e gosto do teu modo de ser."

O AMOR E UMA NOVA AUTOIMAGEM

Hoje em dia existe harmonia onde antes havia discórdia, paz em lugar de sofrimento e amor em lugar do ódio. Minha explicação mostrou-lhes o caminho da cura. É impossível alguém ficar diante do espelho e fazer afirmações positivas sem obter resultados, porque as palavras estão sendo escritas no subconsciente e ficarão profundamente gravadas se houver uma repetição habitual. As sementes geram frutos da sua própria espécie. A lei da natureza determina que uma semente de maçã tem de dar origem a uma macieira. As leis da mente determinam que a imagem que fazemos de nós mesmos seja reproduzida na tela do espaço, isto é, em nossa vida.

Esse homem me contou que quando começou a fazer as afirmações sentia que estava sendo hipócrita, mas pouco a pouco, com a constante repetição, entendeu que as verdades ficariam profundamente gravadas no seu subconsciente e se concretizariam na vida real.

Conversei com um rapaz perturbado, que foi trazido por uma tia. Em pouco tempo ficou evidente que sua autoimagem fora influenciada por uma mãe dominadora, que não lhe dava amor nem compreensão. Até completar quinze anos, a educação que recebera era acompanhada de surras, críticas e condenação.

O rapaz agora estava com dezoito anos e disse que tinha grande dificuldade em se relacionar com os outros. A tia contou que o levara para sua casa porque ali sempre houvera amor e harmonia, mas desde que o sobrinho chegara, o clima havia mudado demais. Ele se indispunha com todos e criava discórdia. Em sua opinião, o rapaz sentia raiva e inveja dos primos por terem pais carinhosos e um lar estável.

Expliquei a eles que a atitude belicosa era apenas um mecanismo de defesa que fazia o jovem rejeitar pessoas cordiais e bondosas. Sua personalidade fora construída pelas experiências traumáticas da infância. O pai abandonara a família quando ele estava com um ano de idade e sua mãe o ensinara a ter um ódio terrível desse homem, que jamais o procurara ou contribuíra para sua criação.

Por meio de nossas conversas, o rapaz começou a compreender que sua mãe, antes de tudo, odiava a si própria, porque para ter ódio de alguém, a pessoa tem de estar abrigando ódio no coração. Ela projetava o ódio por si mesma no marido, filho e qualquer um que se aproximasse dela. A cura seria simples. Depois de explicar as leis da mente, mostrei que, para começar, o jovem teria de mudar a imagem da mãe que guardava em seu subconsciente, porque ela se refletia na sua autoimagem. A figura da mãe cruel, impregnada na sua mente mais profunda, era reproduzida na sua vida.

Ensinei-lhe a fazer um filme mental sobre sua mãe, em que ela se mostrava alegre, feliz, paciente e amorosa. Imaginaria estar sendo abraçado por ela, ouvindo-a dizer que o amava e estava muito feliz por tê-lo de volta. Deveria esforçar-se para sentir o calor do contato e o beijo na face, sentir o toque das mãos, perceber a naturalidade da atitude materna enquanto ela dizia: "Eu te amo, meu filho e quero que fique sempre comigo." Seis semanas depois recebi notícias sobre esse moço. Ele voltara a morar com a mãe e arranjara um bom emprego numa empresa fabricante de produtos para informática. Ao se livrar da antiga imagem da mãe, cruel e destrutiva, conseguiu ganhar uma nova autoimagem que trouxe uma grande transformação em sua vida. O amor divino entrou em seu coração e o amor tem a capacidade de dissolver tudo o que é diferente dele.

O AMOR E UMA NOVA AUTOIMAGEM

O amor liberta, o amor dá, o amor é o Espírito de Deus. O amor não é orgulhoso e pode ser entendido como o fogo de uma lareira. Ele entrega seu calor a todos os cantos da sala. Esse calor não tem altura, nem profundidade, nem comprimento, nem largura, mas preenche todo o espaço. O amor vai além do coração e leva benevolência a todos que o cercam. Quando amamos uma pessoa, gostamos de vê-la expressar tudo o que é bom. Nós a amamos para exaltar Deus dentro dela, dando-lhe oportunidade de materializar os seus talentos. O homem que verdadeiramente ama sua mulher lhe dá todas as oportunidades para trazer para fora os talentos que estão latentes dentro dela para que seja digna de admiração. Ele jamais dirá: "Agora você é uma mulher casada e tem de ficar em casa. Seu lugar é na cozinha." Isso não é amor, é posse. O amor liberta porque é a essência do Espírito de Deus.

Há pouco tempo li uma reportagem numa revista falando de uma mulher magra e pequenina que conseguiu levantar uma caminhonete de seis toneladas para salvar a vida do pai. Janet Stone, de 20 anos, é filha de Robert Stone e os dois moram em Covina, na Califórnia. Robert trocava um pneu quando o macaco escorregou e o carro caiu sobre ele. Janet ouviu seus gritos e encontrou-o preso sob a caminhonete. Em uma incrível explosão de força, Janet ergueu o veículo, libertou o pai e carregou-o até acomodá-lo no seu próprio automóvel para levá-lo ao hospital. O amor dessa moça franzina pelo pai e o desejo intenso de salvá-lo a qualquer custo tomou conta da sua mente e fez o Todo-poderoso reagir a essa atenção concentrada, permitindo-lhe executar a tarefa hercúlea que salvou a vida de Robert.

Lembre-se de que todo o poder do infinito está dentro de você e lhe permite fazer coisas extraordinárias em todas as fases de sua vida. A infinita inteligência é onipotente, ou seja, tudo pode. Esse poder, que move o universo, vive no seu interior. Ela também é onisciente, significando que tudo sabe. Essa sabedoria divina criou o universo e tudo o que ele contém, inclusive você; ordena o movimento das estrelas e galáxias e, com impressionante exatidão matemática, faz os planetas percorrerem suas órbitas e a Terra girar em torno do seu eixo. Tudo acontece dentro da ordem divina, que é a primeira característica do Absoluto.

Um famoso cantor que se apresenta nos cassinos de Las Vegas contou-me que trabalhou muitos anos como garçom, mas sempre tivera vontade de cantar profissionalmente. Os amigos que o ouviam diziam que ele possuía todas as qualidades necessárias para seguir a carreira musical. Um cliente habitual do restaurante onde trabalhava lhe deu um exemplar do meu livro, *O poder do subconsciente*. O rapaz leu-o avidamente e contou que todas as noites praticava uma das técnicas apresentadas.

Acostumou-se a sentar em um lugar tranquilo quando voltava do trabalho e imaginava que estava no palco, cantando para uma plateia lotada. Esforçava-se para criar um quadro mental nítido e realista. Via a plateia aplaudindo-o com entusiasmo e ouvia os amigos e parentes cumprimentando-o pelo sucesso. Visualizava seus sorrisos e sentia os apertos de mão e abraços. Cerca de três semanas depois do início dessa prática, uma porta se abriu para ele, dando-lhe a oportunidade de vivenciar objetivamente o que estivera imaginando e sentindo subjetivamente. Quando passou a se identificar com uma autoimagem mais elevada, seu subconsciente respondeu e o desejo mais profundo de sua vida se tornou realidade.

Anos atrás visitei um empresário internado em um hospital. Sofria por causa de uma grave crise de herpes, que lhe causava muita dor. Além disso, estava se recuperando de um infarto. Havia

O AMOR E UMA NOVA AUTOIMAGEM

muito tempo lutava contra as doenças e, devido aos gastos com médicos e maus investimentos, perdera quase todo o dinheiro que economizara pensando na família e no futuro. Para piorar ainda mais a situação, tinha um medo enorme de morrer.

Eu sabia que ele amava profundamente sua filha única, na época com 15 anos. Sua esposa morrera no parto e ele era pai e mãe ao mesmo tempo. Enfatizei que essa mocinha tinha o direito de ter seu amor de pai por muitos anos ainda e que não podia dispensar sua proteção para atravessar a difícil fase da adolescência e prosseguir nos estudos, até se decidir por uma carreira profissional e encontrar seu verdadeiro lugar no mundo.

Ensinei-lhe uma técnica simples. Muitas vezes durante o dia devia criar uma imagem mental, vendo-se em casa, caminhando pelo jardim, sentado à escrivaninha, abrindo correspondência, atendendo o telefone e recebendo o abraço da filha na volta da escola. Pedi-lhe que se esforçasse o máximo possível para sentir o toque da filha, o calor que emanava do seu corpo. Para acompanhar a visualização, ele faria uma pequena prece, que devia repetir com grande emoção:

Pai, eu Te agradeço pela cura milagrosa que está acontecendo agora. Deus me ama e cuida de mim.

Esse empresário seguiu minhas instruções à risca. Algumas semanas depois, ainda hospitalizado, mas imaginando que estava lendo a correspondência em casa, teve uma sensação inusitada. "Senti que era puxado para fora da escuridão e me vi sob uma luz forte, que quase me cegava. Senti o amor divino enchendo minha alma, e meu sofrimento começou a se transformar em paz de espírito." Ele teve uma cura notável e atualmente é um homem alegre e feliz. Recuperou sua empresa e tem feito ótimos negócios. Sua filha está cursando a universidade.

Quando uma pessoa está doente e deprimida, é bom apelar para o seu amor mais profundo para incentivar a prática do exercício mental. O amor é a emoção mais forte e duradoura, e tudo conquista. O amor perfeito expulsa até o ódio mais profundo.

Um homem me contou que seu médico o proibira de fumar, porque o cigarro estava interferindo em sua pressão sanguínea e prejudicando seu coração. Ele, então, começou a pensar em todas as vantagens da longevidade, paz de espírito, melhor discernimento e saúde. Imaginava o médico cumprimentando-o pela ótima saúde e elogiando sua tranquilidade. Depois, passou a dizer a si próprio "Vou me livrar desse hábito" e a enumerar as vantagens que teria com essa decisão. "Decreto que estou livre do vício agora mesmo. Tenho paz de espírito, serenidade, tranquilidade e uma saúde perfeita."

Pensadores e cientistas, atualmente, ensinam que quando uma pessoa decreta que tomará uma certa atitude, ela se tornará realidade. Quando você decide fazer algo sincero no seu pensamento, se a decisão for irrevogável, o subconsciente aceitará a gravação da ideia. O fumante repetia o quadro mental que criou duas vezes por dia, de manhã e à noite. O médico o examinava e dizia: "Você está muito bem. Seu coração é perfeito, a pressão se normalizou. Sua saúde é ótima." Com a repetição das afirmações e da visualização do quadro mental, ele estava impregnando seu subconsciente com a ideia de liberdade, paz de espírito e perfeita saúde.

Ele praticou esse método por algumas semanas e perdeu todo o desejo de fumar. É assim que o subconsciente funciona. Feita a gravação, o subconsciente torna-se compulsivo e praticamente obriga a pessoa a tomar atitudes que farão o desejo se concretizar.

O AMOR E UMA NOVA AUTOIMAGEM

Esse impulso é tão forte que, no caso do fumante, suplantou a ânsia pelo cigarro. Depois de algum tempo, o homem voltou ao médico e ouviu-o dizer exatamente o que estivera contemplando em suas meditações. Como é no interior, é no exterior; em cima como embaixo; assim na terra como no céu (que significa a mente). Comece a pensar de maneira construtiva e harmoniosa. Pensar é falar, seu pensamento é sua palavra. Que suas palavras sejam, como diz a Bíblia, como maçãs de ouro e doces como mel. O futuro é o presente crescido, é a palavra ou pensamento concretizado. Você está imaginando sucesso e felicidade? Se pretende viajar, já está imaginando dias ensolarados e cheios de alegria? Quanto à viagem em si, já se deu conta de que o avião é a ideia de Deus indo de um ponto a outro com rapidez e conforto? Diga: "O piloto é uma criação de Deus. Ele é iluminado e inspirado, é divinamente orientado. O amor vai à frente do avião para que seu voo seja perfeito. O amor de Deus envolve todo o avião e a Sua presença satura as mentes e os corações de todos os passageiros. Deus controla todas as vias, tanto as do céu como as da terra e as torna perfeitamente seguras." Com essa prece, você já está se apaixonando pela sua viagem.

Você deixou-se fascinar por um novo quadro mental, apaixonou-se pela verdade. Por isso, fará uma viagem excelente, porque está vendo-a mentalmente, está decretando que tudo correrá às mil maravilhas. É algo muito real, muito vívido. Você está vivenciando sua jornada em sua mente. Suas palavras, imagens e pensamentos são belos e doces?

Como está seu diálogo interior neste momento? Os pensamentos concordam entre si ou são conflitantes? Talvez você esteja dizendo em silêncio: "A viagem, sem dúvida, é bonita, mas não tenho tanto dinheiro como Mary. Tentei cortar alguns gastos, mas não deu certo. Também estou velha demais para esse tipo de excursão. Vou ficar com as pernas inchadas de tanto andar. Só de pensar nas horas que passaremos nos aeroportos, sinto vontade de desistir." Perceba que suas palavras não são doces como o mel. "Coma mel", disse Samuel. Na Bíblia, mel significa sabedoria e a sabedoria é a consciência da presença e do poder de Deus dentro de você. Comer a sabedoria é meditar, absorver, ingerir e digerir as verdades.

Palavras insípidas não têm poder para elevar seu espírito ou servir de inspiração. Jamais esqueça da importância do diálogo interior, a conversa que você tem consigo mesmo quando está sozinho, sentado ou com a cabeça no travesseiro, porque esses pensamentos sempre acabam se materializando. Que as palavras da minha boca e as meditações de meu coração sejam aceitáveis aos vossos olhos, ó Senhor, minha força e redenção.

Seu diálogo interior mostra o modo como você está se sentindo por dentro, e o interior se reflete no exterior. Seus pensamentos são doces? Seu diálogo interior o emociona, o eleva e o faz feliz? Que sua conversa interna o sustente e fortaleça.

Decrete agora mesmo, falando com sincera emoção: "A partir deste instante só deixarei permanecer em minha mente ideias e pensamentos que curam, abençoam, inspiram, fortalecem, elevam e dignificam minha alma."

Se estiver hospitalizado, imagine-se em sua casa, cercado pela família e levando uma vida normal, agindo como de hábito. Como se comporta um jogador de futebol que operou o tornozelo e está preso a uma cama de hospital? Qual seria seu quadro mental? É lógico que ele se vê de volta ao campo, chutando a bola. Se não fosse assim, ele jamais se recuperaria da cirurgia. O que aconte-ce- ria a uma pessoa hospitalizada que ficasse repetindo: "Minha

O AMOR E UMA NOVA AUTOIMAGEM

vida acabou. Estou cheio de tantos remédios e exames. Nunca mais sairei daqui. Meu problema deve ser muito maior do que me contaram." É óbvio que ela demoraria muito para receber alta.

A imaginação é a oficina de Deus e deve ser vista como um facho de luz em um mundo de trevas. A imaginação representa o desejo, é um quadro mental que mostra o desejo realizado. Suas palavras, emoções e pensamentos silenciosos precisam estar sintonizados com o que você está querendo, porque emoção e desejo se juntam em um casamento mental e gerarão a resposta para a sua prece.

Que suas palavras sejam doces ao ouvido. Ao que você está dando ouvidos neste momento? Em que está prestando atenção? O que você fica ouvindo pouco antes de ir dormir — notícias sobre assaltos, assassinatos e outros tipos de crime? Com que está poluindo a mente antes de se deitar? Comece a mudar seus hábitos agora mesmo. Por que não ler um trecho da Bíblia ou outro livro inspirador? Por que não cantar uma música de louvor ao Senhor? Encha sua mente de verdades eternas e adormeça com o sorriso de quem sabe que está sendo velado por Deus.

Em que você tem prestado atenção? Lembre-se de que tudo o que é alvo da sua atenção cresce, amplia-se e se multiplica na sua vida, seja bom ou mau. A fé é fortalecida pela audição das grandes verdades. Preste atenção a elas, preste atenção à voz do Absoluto. Qual é a língua que Ele fala? Não é a língua de qualquer nação ou cultura, mas a linguagem universal, feita de sensações de amor, paz, harmonia, fé, confiança e benevolência. Quando falamos na língua do amor, da fé e da confiança, estamos usando a linguagem universal, "falando em línguas", como diz a Bíblia, e todos entenderão. Não são meros sons, mas a expressão emocional da fé e do amor profundo.

AUMENTE O PODER DO SEU SUBCONSCIENTE
PARA DESENVOLVER A AUTOCONFIANÇA E A AUTOESTIMA

Preste muita atenção às qualidades de Deus, aos sentimentos elevados que Dele emanam. Mentalmente absorva — coma — essas qualidades e, com a repetição do ato, você será condiciona-do a expressar essas qualidades duradouras e a lei do amor governará sua vida. Quantas vezes já ouviu dizer: "O homem foi feito à imagem e semelhança de Deus", e isso significa que sua mente é a mente de Deus. Existe uma única mente. Seu espírito é o Espírito de Deus e, como há esse único Espírito, você também pode criar empregando as mesmas leis que Deus usa. Como o concreto ainda líquido enche as formas de madeira numa construção, a Força Vital preenche as formas dos seus pensamentos e elas, depois do período de "secagem" ou estabilização, surgem como forma, função, expe-riência e eventos. Seu mundo individual, isto é, o conjunto de suas vivências, circunstâncias, ambiente, saúde física, posição social, condição financeira, é criado a partir de suas imagens mentais. Se você gosta de cantar, por exemplo, pode imaginar que será um cantor famoso. Visualize-se diante de uma plateia lotada e que Deus está cantando por meio de você em cadências majestosas. Antes de começar, diga mentalmente: "Estou cantado para Ele. Estou equilibrado, calmo e sereno. A inspiração do Todo-poderoso flui pelo meu corpo. Sinto-me à vontade, relaxado. A música de Deus que sai de mim envolve todos que me ouvem em paz, alegria e felicidade e eles sentem-se elevados e inspirados, porque as emanações de amor, fé e confiança penetram em sua mente."

É óbvio que agindo dessa forma você cantará lindamente, por-que se apaixonou pela música, entendeu-a como vinda de Deus, e criou uma nova autoimagem. Maravilhas acontecem para quem ora dessa maneira.

Seu mundo é feito pelas suas próprias imagens mentais, e semelhante atrai semelhante. Sua vida é um espelho que reflete o

O AMOR E UMA NOVA AUTOIMAGEM

que existe em seu mundo interior. Portanto, se você acredita que é perseguido pelas forças do mal, pelo azar ou por algum demônio; se imagina que os acontecimentos cotidianos são causados por conjunções de astros e estrelas, pelo carma, ou são influenciados por vidas passadas, estará colocando-os em sua existência.

Na verdade, o único pecado que existe é a ignorância. O sofrimento não é castigo de Deus, mas o resultado do mau uso da lei da mente. Volte para a verdade única e convença-se de que há um único poder e que ele age por meio dos pensamentos e das imagens da sua mente. Os problemas, atribulações e lutas acontecem quando nos afastamos de Deus para seguir os falsos deuses do medo e do erro. Temos de voltar para o centro de tudo, a presença divina dentro de nós.

Afirme agora a soberania e autoridade do poder espiritual que habita em você, que é princípio de toda a vida. Clame por orientação, força, nutrição espiritual e paz, e o poder responderá de acordo.

Agora vou explicar com mais detalhes como você pode transmitir uma ideia ou imagem mental para o subconsciente. A mente racional é pessoal e seletiva, e escolhe, seleciona, pesa, analisa, disseca e investiga. Ela é capaz de fazer raciocínios indutivos ou dedutivos. A mente subjetiva, ou subconsciente, atende às ordens da mente racional sem discutir. Poderia ser chamada de servo da mente consciente, porque obedece todas as suas ordens sem contestá-las.

O pensamento consciente tem poder, e por trás dele está a mente racional. Os pensamentos focalizados atingem a mente subconsciente, mas precisam ter um certo grau de intensidade para criar uma gravação nela. A intensidade é conseguida por meio da concentração que, por sua vez, é o ato de voltar-se para o seu interior e contemplar o infinito poder que habita em você.

AUMENTE O PODER DO SEU SUBCONSCIENTE
PARA DESENVOLVER A AUTOCONFIANÇA E A AUTOESTIMA

Para se concentrar adequadamente, você deve imobilizar as rodas da mente consciente e entrar em um estado mental de tranquilidade e relaxamento. Na concentração, você junta seus pensamentos e focaliza toda a atenção em um ideal, meta ou objetivo. O funcionamento da atenção focalizada é bastante similar ao que acontece quando você usa uma lente para concentrar os raios de sol em um determinado ponto. Esse procedimento lhe mostra a diferença entre as vibrações dispersas do calor do sol e as que emanam de um ponto central. Você pode até dirigir os raios que saem da lente para queimar alguma coisa, um pedaço de algodão, por exemplo. Quando a atenção é focalizada numa imagem mental, ela adquire uma intensidade similar e é criada uma profunda e duradoura impressão no material sensível da mente subconsciente.

Talvez seja necessário repetir o processo por muitas vezes antes de se formar uma impressão, mas o segredo da gravação no subconsciente é a imaginação contínua, sustentada. Quando o medo ou a preocupação surgirem ao longo do dia, você deve imediatamente voltar a visualizar o mesmo quadro, sabendo que está colocando em prática uma lei psicológica que atua a seu favor na escuridão da mente subjetiva. Essa atitude corresponde a regar e colocar fertilizante em uma semente para acelerar sua germinação. A mente consciente é a ignição, o subconsciente é o motor.

Para um veículo andar, você precisa ligar a ignição para o motor começar a funcionar e, daí em diante, ele continua sozinho. Usando uma outra metáfora, o consciente é o dínamo que ativa o funcionamento do seu subconsciente.

O primeiro passo no processo de levar seu desejo, ideia ou imagem para a mente mais profunda é relaxar, calar e imobilizar a atenção. A atitude tranquila e pacífica da mente impede que

O AMOR E UMA NOVA AUTOIMAGEM

pensamentos falsos ou sem importância interfiram na absorção mental da ideia. Ela também faz com que o esforço despendido nessa transmissão seja mínimo. A prece é um esforço sem força, nela não há coação. Quando se tenta forçar ou coagir a realização de um desejo, o resultado é o oposto do pretendido. Eu costumo chamar esse fenômeno de desejo do esforço reverso.

O segundo passo é começar a imaginar a realidade do que você deseja. Uma moça, Louise L., aplicou esse princípio para conseguir o trabalho que desejava. Tinha uma boa experiência como secretária, mas sonhava em atuar na área médica. Aproveitando as horas de folga, fez vários cursos sobre administração hospitalar e assistência médica. Com os diplomas na mão começou a enviar seu currículo para médicos e clínicas de saúde, mas a resposta era sempre negativa, sob a alegação de "falta de experiência". Mas Louise estava decidida a atingir sua meta e recorreu às meditações.

Todas as noites, e várias vezes durante o dia, ela se imaginava no consultório de um médico, ajudando-o a cuidar da documentação e contabilidade. Também se via ao lado do médico enquanto ele examinava os pacientes. Antes da entrevista que havia marcado, começou a repetir as seguintes afirmações: "Vou conseguir esse emprego. Posso não ter experiência anterior, mas sei que sou capaz, tenho um bom conhecimento sobre o assunto e estou disposta a trabalhar duro para ser assistente médica."

Quando foi perguntada sobre sua experiência no ramo, Louise falou: "Posso não ter experiência no campo da medicina, mas fui bem-sucedida em todos os meus empregos anteriores e muitas vezes tive de lidar com assuntos que não conhecia. Estudei com afinco para me preparar para uma carreira nesse campo e estou decidida a ser a melhor assistente médica que o senhor poderá contratar."

AUMENTE O PODER DO SEU SUBCONSCIENTE
PARA DESENVOLVER A AUTOCONFIANÇA E A AUTOESTIMA

Louise foi contratada. Alguns meses depois, o médico lhe contou que quando lera o seu currículo, pensara em fazer uma entrevista por simples gentileza e dispensá-la em poucos minutos. Entretanto, ficara tão impressionado com seu entusiasmo que resolveu contratá-la. E acrescentou: "Dou graças por isso. Você é a melhor assistente que já tive."

O procedimento ou técnica que Louise empregou é mais velho do que a Bíblia. O exterior reflete o interior. A ação externa acontece depois da ação interna. Como é dentro, é fora: assim na terra como no céu. O "céu" é sua mente, sua consciência, que, por sua vez, é o que você pensa, sente, acredita. Convença-se de que existe uma força no seu interior capaz de manifestar o que você imagina e sente como verdade. Só ficar sentado ou deitado, devaneando, sonhando com as coisas que gostaria de ter não dará resultado, não as atrairá para você.

Você tem de saber e acreditar que está empregando uma lei da mente e precisa criar alicerces para suas imagens. Convença-se de que possui o poder concedido por Deus de usar sua mente de maneira construtiva para concretizar o que deseja. Não há nada de errado em construir castelos no ar desde que eles tenham as fundações necessárias.

Determine muito bem o que você quer e o subconsciente fará com que se torne realidade, porque sua atenção ficará concentrada nesse desejo. Uma imagem nítida fará uma impressão mais forte no subconsciente. O resultado pode vir em dois ou três minutos ou mais, dependendo do seu temperamento, sentimentos e compreensão. De um modo geral, quanto mais focalizada for a sua atenção, quanto mais tempo você ficar escrevendo-a com a caneta mental, mais perfeita será a resposta à sua prece. Acredite que já recebeu o que está desejando e será isso que receberá "E tudo o que pedirdes em oração, crendo, o recebereis." (Mt 21, 22)

O AMOR E UMA NOVA AUTOIMAGEM

Acreditar é aceitar algo como verdade. Se você sustentar um estado de crença, maravilhas começarão a acontecer em resposta às suas preces. Então, você vivenciará a alegria de ver sua prece atendida.

Resumo do capítulo

- Não tente livrar-se de um vício ou hábito negativo pela força de vontade, porque mentalmente estará focalizando sua mente nesse problema. Quanto mais pensar nele, mais ficará preso na compulsão desse hábito. O subconsciente aumenta e multiplica o objeto da sua atenção consciente.

- Quando você se coloca diante de um espelho e faz afirmações positivas, sabendo o que está fazendo e por que está agindo dessa maneira, está escrevendo no subconsciente com a caneta da mente racional. Quando essa nova autoimagem ficar profundamente gravada, o subconsciente o impelirá a agir de forma a torná-la realidade, porque a lei do subconsciente é compulsiva. Suas hipóteses, crenças e convicções ditam e controlam todas as suas ações conscientes.

- Você é o que imagina ser. Portanto, imagine-se sempre sendo bem-sucedido. Imagine que está fazendo o que sonha fazer. Repita essa visualização muitas e muitas vezes. Persista.

- Decrete agora mesmo (com amor e entendimento do que está falando): Daqui em diante só vou deixar entrar em minha mente as ideias e pensamentos que curam, abençoam, inspiram, fortalecem, elevam e dignificam minha alma.

- Jamais se esqueça da importância do diálogo interior, que são os pensamentos que lhe ocorrem quando você está sozinho, quando põe a cabeça no travesseiro. Se essa conversa interna estiver muito negativa, decrete que só coisas boas entram em sua mente.

- A mente consciente é a ignição, o subconsciente é o motor. A ignição dá a partida no motor e, daí em diante, ele funciona sozinho. A mente racional é um dínamo que ativa o poder do subconsciente.

- Saiba exatamente o que você deseja. Uma imagem nítida do que pretende ver realizado ajudará a gravação do quadro no subconsciente.

CAPÍTULO 4
Como desenvolver uma excelente personalidade

Você pode criar uma maravilhosa personalidade pensando no que é verdadeiro, honesto, justo, puro, belo e bom. Se houver qualquer virtude, se houver motivo para elogios, pense nessas coisas. Você é o que pensa o dia inteiro e sua personalidade é a soma total de todos os seus pensamentos, emoções, crenças, doutrinação recebida na primeira infância e condicionamento ambiental. Sua personalidade é uma característica adquirida e você pode mudá-la. A palavra personalidade vem do latim persona, que significa máscara. Na Grécia antiga, os atores usavam máscaras e era através delas que demonstravam as emoções dos personagens. Na verdade, cada um de nós é uma máscara da divindade porque somos as vestes que Deus usa enquanto se movimenta através da ilusão do tempo e espaço.

Somos reproduções do Espírito original, ou Deus, e o modelo padrão da personalidade divina é a reprodução de qualidades, atributos, poder e aspectos de Deus. Por isso, comece agora a se tornar um canal para a expressão do divino. Todas as manhãs de sua vida, reserve de dez a quinze minutos para se aquietar e contemple esta imensa verdade:

Eu sou um canal para a luz, amor, glória, beleza, paz, harmonia e poder do infinito. As qualidades de Deus estão fluindo através de mim como um rio de águas douradas, e passo o dia inteiro andando na companhia de Deus e conversando com Ele. Expresso cada vez mais as qualidades divinas em cada dia de minha vida. Eu me transformo no que contemplo, sou um canal para o divino agora e para sempre.

À medida que você for fazendo esse exercício, repetindo as afirmações, maravilhas começarão a acontecer em sua vida. Entretanto, antes de querer fazer qualquer modificação em sua personalidade e sua vida, precisa se convencer de uma importante verdade: ninguém pode ser mudado senão você mesmo. Sem esse conhecimento, é inútil fazer afirmações ou imagens mentais, porque essa é uma das leis da mente. Pense nos outros como gostaria que eles pensassem sobre você, aja com os outros como gostaria que agissem com você. Essa é a chave para vivenciar relacionamentos felizes em todas as fases da vida. Lembre-se de que: "E como vós quereis que os homens vos façam, da mesma maneira lhes fazei vós, também." (Lc 6, 31)

Você presta atenção na sua conversa interior? Por exemplo, você é cortês e gentil com seus colegas de trabalho, mas, quando eles viram as costas, começa mentalmente a criticar seus defeitos e seu modo de agir? Pensamentos negativos desse tipo são enormemente destrutivos para você. É como beber veneno. Na verdade, você está de fato ingerindo um veneno mental, que lhe rouba vitalidade, entusiasmo, força, orientação e boa vontade. Nunca esqueça que aquilo que você dá aos outros, dá a si próprio.

Pergunte-se agora mesmo: "Como estou me comportando internamente com essa pessoa?" O que importa é a atitude interior. Comece a se observar e pense no modo como reage a pessoas, circunstâncias e condições. Como você reage aos eventos e noti-

COMO DESENVOLVER UMA EXCELENTE PERSONALIDADE

ciários do dia? Mesmo que saiba que agiu certo quando todos os outros estavam errados, se as pessoas ou as notícias o perturbam, você está se deixando levar pelo mal, porque sua irritação o afetou e lhe roubou a paz e a harmonia.

Você não precisa reagir de maneira negativa ao noticiário ou aos comentários dos radialistas. Se procurar entender que outras entidades ou pessoas têm direito de expressar suas crenças e opiniões, irá se manter equilibrado e imperturbável mesmo que sejam diferentes das suas. O que uma pessoa diz ou faz não tem capacidade para nos afetar. O que de fato nos afeta é nossa reação ao que é visto e ouvido. Acostume-se a se dividir em dois estados mentais: o que você vivencia no momento e o qual desejaria vivenciar no futuro. Olhe de frente para os pensamentos de medo, preocupação, ansiedade, inveja ou ódio que até agora só serviram para aprisioná-lo. É preciso fazer essa divisão para se disciplinar, para se conscientizar de que uma parte de você é a mente humana em funcionamento e a outra é o infinito, o Eu Deus, procurando se expressar por meio de você.

Seja honesto consigo mesmo e determine qual estado de espírito precisa prevalecer. Por exemplo, se você se tornar alvo de críticas ou fofocas, qual será sua reação? Ficará tomado pela raiva, irritação ou pelo rancor, como é mais comum? Agindo dessa maneira, está deixando a mente coletiva levar a melhor sobre você. É preciso recusar-se terminantemente a reagir dessa maneira mecânica, estereotipada, como se fosse uma máquina. Diga com firmeza a si mesmo:

O Deus infinito pensa, fala e age através de mim. Esse é o meu verdadeiro eu. Meu Eu superior, meu Eu-Deus. Aqui e agora estou desenvolvendo uma maravilhosa e excelente personalidade, porque neste exato momento estou irradiando amor, paz e boa vontade para a pessoa que me criticou. Saúdo a divindade que habita dentro dela. Deus fala através de mim em paz, harmonia e amor. Essa atitude é maravilhosa porque cura, abençoa e restaura a minha alma.

Quando você aprende a agir desse modo, torna-se um verdadeiro pensador científico. Em vez de reagir como gado, pagando ódio com ódio, má vontade com má vontade, retribui com amor em vez de ódio, paz em vez de mágoa e boa vontade em vez de má vontade. Você agora tem consciência da verdade que o impele a pensar e reagir de maneira diferente. O pensamento científico cria um novo conjunto de reações para suplantar as antigas. A atitude de continuar reagindo sempre da mesma maneira às pessoas, condições, circunstâncias e eventos significa que você não está evoluindo espiritualmente. Está parado, imobilizado, profundamente imerso na mente coletiva da raça humana.

Lembre-se do que eu disse sobre construir uma personalidade maravilhosa. Isso significa expressar cada vez mais as qualidades, atributos e potenciais divinos que existem em seu interior, que o fazem irradiar mais amor, paz, harmonia, alegria e beleza. Sua principal atitude deverá ser a de colocar cada vez mais o poder de Deus nos seus pensamentos, palavras e atos.

Saiba que você não é obrigado a aceitar pensamentos negativos. Pode se tornar o que deseja ser, recusando-se a agir como alguém oprimido por velhos padrões de pensamento. Transforme-se em um verdadeiro pensador científico e pratique observando suas reações aos eventos do dia. Sempre que descobrir que está a ponto de reagir negativamente, afirme o seguinte: "Não é o infinito dentro de mim que está falando (ou agindo)." Isso o fará parar de

COMO DESENVOLVER UMA EXCELENTE PERSONALIDADE

pensar de maneira negativa. Nesse instante a luz divina, o amor, a verdade e a beleza começam a fluir através de você.

Em vez de se identificar com a raiva, rancor, amargura e ódio, identifique-se imediatamente com a paz, harmonia e equilíbrio. Com essa atitude você estará expressando a presença de Deus, estará se separando dos antigos hábitos e criando novos, adequados à vida que deseja ter. Estará desenvolvendo uma ótima personalidade, que o fará irradiar vibrações de alegria e felicidade, e todas as qualidades que deseja manifestar.

Lembre-se desta grande verdade: "Você não é obrigado a acreditar em pensamentos ou reações negativas." Recuse-se a agir como fazia antes. Reaja e pense de maneira diferente. Você diz que deseja paz, felicidade, saúde e prosperidade, mas, para que isso se realize, precisa parar de se identificar com os pensamentos negativos que tendem a puxá-lo para baixo.

Muitas mulheres perguntam: "Como posso mudar o jeito de ser do meu marido?" É um dos muitos chavões que ouço em minhas consultas. Outra queixa frequente é: "Gostaria de mudar fulano de tal, que é a causa de todos os problemas no escritório." Muitos já ouviram ou leram a grande verdade "Veja Deus no outro e tudo ficará bem", mas não sabem exatamente o que significa. É tomar consciência da presença de Deus no outro e entender que Ele está se expressando por meio dos pensamentos, atos e palavras da pessoa. Conhecer, aceitar e acreditar nessa verdade é ver Deus no próximo.

Deus é o Pai de tudo, o princípio vital, o Espírito vivo dentro de você, é a mente, a sua parte invisível. Em suma, Deus é o que existe de mais elevado e melhor em você. Quanto mais você expressa sabedoria, verdade e beleza, mais está dando abertura para Deus se manifestar. É simples, não?

AUMENTE O PODER DO SEU SUBCONSCIENTE
PARA DESENVOLVER A AUTOCONFIANÇA E A AUTOESTIMA

Não existe problema nas relações humanas que não possa ser resolvido de maneira harmoniosa e em benefício de todos os envolvidos. Quando você diz que seu chefe é implicante, mesquinho e exigente, na maior parte das vezes está refletindo seu próprio estado mental. Lembre-se de que semelhante atrai semelhante. Será que a atitude crítica, petulante e exigente das pessoas que convivem com você não é um reflexo das suas frustrações e raiva reprimida? As palavras ou atos desse chefe jamais terão o poder de realmente magoá-lo se você não lhe der permissão para se intrometer em sua mente. São seus próprios pensamentos que deixam alguém perturbá-lo mentalmente.

Você tem de se conscientizar de que é o único pensador no seu universo. Você, e só você, é o responsável pelo que pensa das outras pessoas. Elas não têm nada com isso. Por exemplo, quando você fica bravo, tem de passar por quatro estados de espírito. De início, começa a pensar no que o outro disse. Segundo, você decide ficar com raiva. Terceiro, acaba gerando um estado de espírito colérico. Depois, resolve agir. Fala "umas verdades", incitando uma reação da outra pessoa. Perceba que todo o pensamento, emoção, reação e ação acontecem dentro de sua própria mente. Você, portanto, é o único responsável pela situação.

Você é a causa de sua própria raiva. Ora, por que ficar com raiva se alguém o chama de tolo? Você sabe que não é tolo. A pessoa que quis ofendê-lo talvez esteja confusa ou pode estar enfrentando graves problemas na sua vida particular. Tenha compaixão por ela e não a condene. Imagine a paz de Deus enchendo a mente dessa criatura e o amor de Deus fluindo através dela. Agindo assim, você estará praticando a Regra de Ouro e não se identificará com a ira ou o ódio, mas com a lei da bondade, da verdade e da

COMO DESENVOLVER UMA EXCELENTE PERSONALIDADE

beleza. Você ficaria com raiva de uma pessoa que tem câncer ou tuberculose? É óbvio que não.

Se você afirmar mentalmente que a harmonia e perfeição de Deus estão fluindo por essa pessoa e que o milagroso poder vai curá-la, estará agindo com compaixão, que é a sabedoria de Deus atuando através da mente humana e, abrindo-se a ela, você estará irradiando amor, paz e boa vontade para o seu oponente.

Pessoas cheias de ódio, despeito, inveja ou ciúmes, que vivem fazendo fofocas, dizendo coisas maldosas, mesquinhas e maliciosas estão abaladas e inseguras. Tanto como se estivessem com graves problemas. Então, como deve ser a reação esses indivíduos? Onde está a sua verdade? Onde está sua sabedoria e compreensão? Você dirá: "Faço parte de uma manada e comigo é olho-por-olho e dente-por-dente" ou parará para pensar e dizer: "Isto não é o divino amor agindo através de mim. Deus só vê perfeição, beleza e harmonia em todas as suas criaturas. Eu, portanto, tenho de ver como o Deus em mim vê."

Passe a ver todos os homens e mulheres como Deus as vê. Quando seus olhos se identificarem com a beleza, você não verá a figura distorcida. Ninguém critica ou condena uma pessoa limitada, que pode ter ficado assim por causa de um problema ou de um trauma. Há muitas pessoas que são falhas, que têm a mente distorcida, que foram negativamente condicionadas quando eram jovens. Por isso, tenha compreensão, perdoe. Durante o dia inteiro você dá atenção a informações ou notícias através dos seus cinco sentidos e cabe a você determinar quais serão suas reações mentais a elas. Você pode se manter sereno e equilibrado ou agir como um tolo e ter um ataque de raiva, cometendo erros na sua atividade profissional. Sua capacidade de julgamento é prejudicada e não será surpresa a irritação dar origem a uma en-

AUMENTE O PODER DO SEU SUBCONSCIENTE
PARA DESENVOLVER A AUTOCONFIANÇA E A AUTOESTIMA

xaqueca ou indisposição gástrica. O motivo que faz duas pessoas agirem de maneira diferente a uma mesma situação está baseado no seu condicionamento subconsciente. Uma personalidade tem como alicerce o total da soma de todas as suas opiniões, crenças, educação e a doutrinação religiosa recebida na infância. É a atitude interior que condiciona as reações. Alguns indivíduos têm verdadeiros ataques de fúria quando ouvem alguém defender uma religião ou um projeto político, mas outros podem se mostrar dispostos a ouvir diferentes pontos de vista. Qual é o grupo que acabará enfrentando problemas físicos ou mentais?

Nossas convicções subconscientes e nosso condicionamento determinam e controlam todas as nossas ações conscientes. Você pode recondicionar sua mente identificando-se com as verdades eternas. É possível desenvolver uma maravilhosa personalidade preenchendo a mente com conceitos de paz, alegria, bom humor, felicidade e boa vontade. Ocupe sua mente com essas ideias e elas acabarão se afundando no nível subconsciente, e se tornarão lindas orquídeas no jardim de Deus. Você está vivendo no Jardim do Éden, que nada mais é senão sua mente subconsciente, na qual você planta sementes mentais. Essas sementes são seus pensamentos, o que você pensa durante o dia inteiro. Seus pensamentos são preces. No que está pensando agora?

Não importa a gravidade de um problema ou tipo de gênio de uma pessoa, na análise final, nada, nem ninguém pode ser mudado, a não ser você mesmo. Quando você mudar, seu mundo mudará de acordo. Comece com o Número Um — você mesmo. Lembre-se de que você não vive com pessoas, vive com o conceito que tem delas. Você vive com sua crença sobre seu marido ou esposa. O que você acredita sobre seu marido, sua esposa, seu

COMO DESENVOLVER UMA EXCELENTE PERSONALIDADE

filho, sua filha? A grande verdade é: Deus está em todas as pessoas. Comece a ver Deus nos membros da sua família, convoque a presença de Deus em todos que o cercam.

Eu já disse que nossa mente é como um jardim. Nele, que é chamado de Jardim do Éden ou Jardim de Deus, nós plantamos sementes. Tudo o que semeamos com a mente racional, o subconsciente faz germinar e se concretizar. Portanto, precisamos semear pensamentos de paz, felicidade, confiança e boa vontade, meditar sobre essas qualidades e aceitá-las em nossa mente racional, consciente. Tudo o que aceitamos como verdade na mente racional, o subconsciente aceita sem questionar e o torna realidade. É a lei da vida.

Em que você acredita? Se, por exemplo, você crê que Los Angeles fica no Estado de Nova York, sua correspondência vai extraviar. Por isso você deve escolher acreditar no que é certo, em coisas nobres, boas, dignas de Deus. Entronize em seu subconsciente conceitos de paz, amor, harmonia, alegria e boa vontade. Plante diariamente essas sementes mentais e maravilhas acontecerão em sua vida.

Nossas hipóteses e convicções subconscientes ditam e controlam todos nossos atos conscientes e é errado acreditar em ideias que não serão capazes de contribuir para a sua saúde, felicidade e paz de espírito. O subconsciente transformará em realidade o modo habitual de pensar da sua mente racional. Por isso, você tem de trabalhar com a mente consciente, porque é ela que analisa, investiga, disseca, examina e toma decisões. A mente racional é a mente que escolhe. Escolha seus pensamentos, visualizações e reações. Você é um ser que tem livre-arbítrio e a capacidade de escolher. Pergunte a si próprio: "Que tipo de pensamentos estou escolhendo agora?"

Tudo o que você aceita como verdade na mente racional é aceito pelo subconsciente, que nada questiona. Por isso, tome

AUMENTE O PODER DO SEU SUBCONSCIENTE
PARA DESENVOLVER A AUTOCONFIANÇA E A AUTOESTIMA

muito cuidado para aceitar somente o que é verdadeiro, nobre e digno de Deus. O subconsciente é a mente que controla sua digestão, o funcionamento das suas glândulas, que faz crescer seus cabelos e unhas, e repara seus órgãos e tecidos, mesmo enquanto você está profundamente adormecido. É ela que aceita um alimento e o digere para transformá-lo em tecido, músculos, ossos e sangue. Faça uma experiência. Antes de dormir, peça ao seu subconsciente para acordá-lo às quatro da manhã e ele o fará despertar nesse horário, apesar de não haver nenhum relógio no quarto. Se por acaso houver um relógio adiantado ou atrasado, o subconsciente o acordará na hora solicitada, a hora correta em termos cronológicos.

Tudo o que você grava no subconsciente se materializa na tela do espaço como condições, experiências e eventos. Em todas as fases de sua vida você colherá no seu corpo e no seu mundo tudo o que semeou em seu subconsciente.

O grande tenor do passado, Enrico Caruso, sofria de medo do palco e contava que sua garganta praticamente se paralisava por causa de espasmos nervosos e o suor escorria pelo seu rosto. Um dia, ainda no começo de sua carreira, ele teve um ataque especialmente grave. Faltavam poucos minutos para o início do espetáculo e a crise não diminuía.

"Não conseguirei cantar", disse com dificuldade. "A plateia vai rir de mim." Então, diante de todos os que estavam nas coxias, gritou: — O Pequeno Eu quer estrangular o Grande Eu que está dentro de mim. Olhe aqui, Pequeno Eu, vá embora, saia! O Grande Eu quer cantar através de mim! — Naturalmente, por Grande Eu, ele queria dizer o poder interior, a força divina do seu subconsciente. Ele gritava sem cessar: — Saia! Saia! O Grande Eu vai cantar!

COMO DESENVOLVER UMA EXCELENTE PERSONALIDADE

Naturalmente, essa atitude libertou a força Todo-poderosa que havia dentro dele. Quando recebeu a sua deixa, Caruso entrou no palco e cantou gloriosamente, diante de uma plateia extasiada.

William James, o pai da psicologia norte-americana, escreveu que o subconsciente é o poder que move o mundo, porque é o poder do Deus Altíssimo. O subconsciente é uno com a infinita inteligência e ilimitada sabedoria, e é alimentado por fontes ocultas, inesgotáveis, que o ser humano não consegue ver. Essa é a lei da vida.

Uma lei pode ser boa ou má, depende do uso que fazemos dela. Podemos usar a eletricidade para iluminar uma casa, conservar alimentos ou ordenar o trânsito, mas também para matarmos alguém. Nesse caso, é óbvio que a eletricidade não agiu com maldade, ela só foi mal usada. O bem e o mal são movimentos da nossa própria mente, baseados nos nossos pensamentos, ações e decisões. Ninguém diria que a água é má, afinal, ela é essencial para a vida na Terra. Entretanto, quantos morrem afogados! O fogo não é mau e foi o responsável pela evolução do ser humano, dando-lhe calor e facilidade para se alimentar. Mas o fogo, se mal usado, mata.

O subconsciente moverá céus e terras para concretizar os pensamentos que você nele semeia. Ele não conhece obstáculos. Por isso, precisamos impressioná-lo com as ideias certas e pensamentos construtivos. O subconsciente é chamado de Lei. Ele é impessoal e não seletivo. Na Bíblia, o subconsciente muitas vezes é chamado de Esposa. Assim, lemos: "O marido será a cabeça da esposa." Será tolice levar essa afirmação ao pé da letra. Muitos aceitam essas palavras sem pensar se as consequências são as mais ridículas e absurdas.

Na verdade, a Bíblia é um manual de espiritualidade, psicológico, que trata dos princípios e modos de viver. Lida com humores, tons e vibrações, e fala sobre os princípios femininos e masculinos que todos possuímos. Ao ler sobre homens e mulheres no livro sagrado, devemos ter em mente que, em muitos casos, ela não está falando sobre pessoas, mas usando esses termos como uma metáfora para a mente consciente e a mente subconsciente de todos os indivíduos do planeta.

Na Bíblia, a mente racional, consciente, é chamada de Esposo ou Marido. Por quê? Porque é a cabeça, o patrão, o chefe da mulher. O subconsciente, a Esposa, aceita de maneira submissa as sugestões da mente racional. Tudo o que o Marido acredita ser verdade, tudo o que ele decreta, a Esposa executa para honrá-lo, seja bom, mau ou indiferente.

O motivo de haver tanta miséria, caos, carência e infortúnio no mundo é a incapacidade das pessoas de compreenderem a interação dos princípios masculino e feminino em seu interior. Quando os dois trabalham em acordo, sincronizados na concórdia e na paz, temos saúde, felicidade, alegria e tranquilidade. Não existe mal ou discórdia quando as duas mentes funcionam em harmonia.

Como já disse tantas vezes, o subconsciente é como o solo. Quem semeia cardos, colherá cardos; quem semeia morangos, colherá morangos. O solo recebe todas as sementes nele plantadas, sejam de plantas benéficas ou ervas daninhas, e as sementes dão origem a plantas de sua própria espécie. Uma semente de maçã gera uma macieira.

O que você está plantando no seu subconsciente agora? A mente consciente é a racional, que analisa, estuda e escolhe. O que você está escolhendo neste momento? Se for ódio ou rancor, está plantando sementes de destruição e, talvez, gerando problemas no seu organismo para que fique de acordo com sua atitude destrutiva.

O maior segredo das escolas iniciáticas dos antigos templos era que o EU SOU em nós é Deus, como nos conta o terceiro capítulo do Êxodo: Este é o meu nome, agora e para sempre, e esta será minha lembrança de geração em geração. Diga, Eu sou me enviou até vós.

Quando você diz Eu sou, está anunciando a presença do Deus vivo no seu interior, a mente e o Espírito infinitos, que são invisíveis. O Eu sou da Bíblia significa vida e consciência. Você sabe que está vivo. A vida é Deus. Você vive com a vida de Deus. Você nunca viu a vida, mas sabe que está vivo. Nenhum teólogo jamais viu o espírito, mas todos nós já sentimos o Espírito de paz, amor e boa vontade borbulhar no nosso interior diante de nossos entes queridos. Nenhum psicólogo jamais viu a mente, mas muitas experiências são feitas com ela. Você é um ser pensante, possui uma mente.

Quando você diz Eu sou, está anunciando a pura vida e a perfeita consciência, a presença de Deus em você. Esse é o grande segredo, às vezes chamado de "palavra perdida", porque está na boca de muitas pessoas e elas não têm noção do que estão dizendo. Falam: "Eu sou falho, eu sou limitado, eu sou incompetente, eu sou confuso." Tudo o que você acrescenta a Eu sou é materializado. Se disser: "Eu sou vagabundo, eu sou inferior", você se tornará vagabundo e inferior.

Então, pense como seria ótimo dizer: "Sou parte do Deus Vivo; sou feliz, alegre e livre; sou seguro, forte, poderoso, amoroso, harmonioso e bondoso. Sou iluminado, inspirado, sou uma pessoa bem-sucedida." Você vivenciará todas essas qualidades em sua vida, porque se torna tudo o que liga a Eu sou. Simples, não? Tudo o que é gravado no seu subconsciente será materializado na tela do espaço como condições, experiência e eventos. Moisés, Isaías, Jesus, Buda, Zoroastro, Lao Zi e tantos outros iluminados de todas as eras proclamaram essas verdades. Pessoas espiritualizadas, que se mantêm vivas e alertas, sabem que o maior segredo do mundo é a presença de Deus em nós. Essa descoberta é muito mais importante do que a da energia nuclear, por exemplo. Não podemos jamais nos desviar da verdade: você é o que pensa e sente. Nossos pensamentos e emoções controlam nosso destino independentemente do que dizemos, quer neguemos ou não. Estamos tratando das leis da mente, leis como as da química, física e matemática. O que adianta dizer que dois mais dois são cinco? Isso nunca será verdade. Dois e dois serão sempre e eternamente quatro. "Assim na terra (nosso corpo e ambiente) como no céu (nossa consciência)." Essa é a lei da vida.

Em toda a natureza você encontrará a lei da ação e reação, da inércia e do movimento. Tudo tem de estar equilibrado, então haverá equilíbrio em sua vida. Conscientize-se de que a vida do divino está dentro de você. Estamos aqui para deixar a vida e o amor de Deus fluírem através de nós de maneira rítmica e harmoniosa.

Para descobrir as maravilhas que estão acontecendo em sua vida, faça frequentemente a seguinte prece:

Deus flui dentro de mim como harmonia, saúde, paz, beleza e com a ação correta. Deus fala, pensa e age por meio de mim aqui e agora. Eu sou iluminado, eu sou inspirado, eu sou próspero, muito além do que poderia ter sonhado. Estou expressando a divina vida que existe em mim.

Repita muitas vezes essa prece, vagarosamente, com tranquilidade e amor. Assim agindo, essas sementes (pensamentos) se afundarão na sua mente mais profunda, no seu subconsciente. É uma prece simples e muito bela. Qualquer ser humano pode fazer algo de uma maneira muitas vezes melhor do que está fa-

COMO DESENVOLVER UMA EXCELENTE PERSONALIDADE

zendo. Quando somos crianças, sonhamos em ser heróis e, para tornar esse sonho realidade, teríamos de ser ensinados a expressar e dirigir nossos talentos e desejos da maneira correta, através dos canais de Deus. Algo dentro de nós sussurra que nascemos para sermos vencedores e triunfantes. É Deus que nos fala por meio de impulsos e intuições: "Vá em frente e conquiste!" O nosso Eu superior sabe que somos capazes.

Os desejos, as ideias, os planos e propósitos que você escolhe são os impulsos e intimações do seu Eu superior. "Você pode ser; pode fazer; pode ter." Caso contrário, não teria desejos. Seu desejo de ser maior e melhor é o impulso da vida que está no seu interior. Seu desejo por saúde é o princípio vital lhe dizendo que você pode ser curado. Seu desejo por riqueza é o Eu superior lhe dizendo para se apoderar da abundância de Deus que existe à sua volta. A riqueza está na mente; a saúde está na mente.

Se você quer ser rico para ter e fazer tudo o que deseja, faça a seguinte prece todas as noites antes de dormir — eu ensinei-a milhares de homens e mulheres em todo o mundo e sei que ela funciona:

> A riqueza de Deus está circulando em minha vida e há sempre muito mais do que poderia desejar.

Reitere essa verdade mesmo que esteja de olhos fechados e com a cabeça encostada no travesseiro. Escreva essas palavras em seu subconsciente com sua caneta mental, ou seja, com sua mente racional. Elas ficarão gravadas no seu subconsciente e ele o compelirá a ser rico. Digo "compelirá" porque é a pura verdade. A lei do subconsciente é compulsiva. Você será compelido a ser bem-sucedido e terá toda a riqueza que quiser. A mente sub-

AUMENTE O PODER DO SEU SUBCONSCIENTE
PARA DESENVOLVER A AUTOCONFIANÇA E A AUTOESTIMA

consciente é impessoal e não seletiva; ela tudo sabe e conhece as respostas para todas as perguntas. Ela não discute suas ordens, não contesta, reclamando: "Você não pode gravar isto ou aquilo em mim."

Se você vive dizendo: "Não consigo sair do vermelho, minhas contas estão se acumulando", ou coisa parecida, está plantando sementes negativas, e colherá mais carência ainda, porque o subconsciente aumenta tudo o que é depositado nele, agindo como se fosse uma caderneta de poupança. Ela aumenta seu dinheiro pelo pagamento de juros. Deposite amor, paz, harmonia, abundância, bom humor e segurança, e você os receberá com juros e correção monetária.

Acostume-se a dizer a si mesmo frequentemente: "A riqueza de Deus está circulando em minha vida e sempre há muito mais do que eu poderia desejar." Repetindo muitas vezes essa grande verdade, nunca lhe faltará dinheiro em todos os dias de sua vida, porque você estará atuando sob a influência de uma lei que é eterna e imutável.

Se você não vem obtendo resultados com o trabalho mental é porque não está usando sua mente da maneira certa. Se o rádio do seu carro parasse de funcionar, você não diria que os princípios da eletrônica foram suspensos ou que as leis da transmissão do som deixaram de existir, mas procuraria por um defeito, um curto-circuito, por exemplo, e mandaria fazer o conserto necessário. No trabalho mental, o curto-circuito pode ser o medo, superstição, má vontade e amargura. Se estiver condenando alguém por ser rico, sem mesmo saber como essa riqueza foi obtida, atrairá a pobreza e a limitação para você mesmo. Lembre-se de que aquilo que você condena cria asas e voa para longe, e isso é o que costuma acontecer com o dinheiro. É por isso que muitas pessoas jamais prosperam.

COMO DESENVOLVER UMA EXCELENTE PERSONALIDADE

Elas têm inveja da riqueza dos outros e é inútil rezarem por riqueza e prosperidade se estão condenando o que tanto desejam.

Irradie paz, amor e boa vontade para todos. Deseje-lhes saúde, felicidade, paz e todas as bênçãos do céu. Quando quiser que seu subconsciente trabalhe a seu favor, comece se conscientizando de que a resposta que ele dá está sempre de acordo com o que foi gravado. As frustrações ocorrem por causa de desejos não realizados. Por exemplo, quando você diz: "Não posso fazer isso agora; estou velho demais" ou "Nunca vou conseguir pagar essa hipoteca", ou ainda: "Nasci na parte pobre da cidade e não conheço ninguém importante para me ajudar", está criando resistência e frustração, está bloqueando o seu próprio bem. Afirme com ousadia: "A presença de Deus dentro de mim, que me deu este desejo, me orienta e me revela o plano perfeito para torná-lo realidade." Essas palavras deixam explícito que o que você sente no seu interior será concretizado no exterior. Existe equilíbrio e equanimidade.

Resumo do capítulo

- Você é o que pensa o dia inteiro. Sua personalidade é o resultado da soma dos seus pensamentos, emoções, crenças, opiniões, doutrinação na primeira infância e condicionamento causado pelo ambiente. Em vez de se identificar com a raiva, rancor, amargura e ódio, identifique-se imediatamente com a paz, harmonia e equilíbrio. Com essa atitude, você está se separando do seu antigo modo de pensar e se identificando com o novo — com o que você deseja ser. Está desenvolvendo uma maravilhosa personalidade e irradiando vibrações cada vez mais poderosas.

AUMENTE O PODER DO SEU SUBCONSCIENTE
PARA DESENVOLVER A AUTOCONFIANÇA E A AUTOESTIMA

- Você quer ser pacífico, feliz, radiante, saudável, próspero e inspirado. Portanto, a partir deste instante, você tem de se recusar a se identificar com os pensamentos negativos que tendem a puxá-lo para baixo.
- Nossa mente é um jardim. Nós plantamos sementes nesse jardim, que é chamado de Jardim do Éden ou Jardim de Deus. Tudo que semearmos com nossa mente racional, consciente, o subconsciente transformará em realidade. Portanto, devemos semear pensamentos de amor, felicidade, segurança e boa vontade. Meditemos nessas qualidades para as aceitarmos na mente consciente. O subconsciente obedece às ordens vindas das crenças da mente racional e as transforma em realidade. É a lei da vida.
- O subconsciente aceita, sem questionar, as crenças da mente consciente. Tome cuidado para aceitar somente o que é verdadeiro, nobre e digno de Deus.
- Irradie amor, paz e boa vontade para todos. Deseje-lhes saúde, felicidade, paz e todas as bênçãos do céu. Para fazer seu subconsciente trabalhar por você, é preciso entender que a gravação tem de ser igual ao que vai ser concretizado. As frustrações são causadas por desejos não realizados.

CAPÍTULO 5
Torne-se um incentivador

Qualquer ideia, aspiração ou sonho, seja bom ou ruim, que for levado até o ponto de ser aceito pelo subconsciente se tornará realidade. Mas quando fazemos uma prece, estamos nos voltando para a infinita presença e o infinito poder dentro de nós, que é o lugar certo para ancorarmos nossa mente. A Infinita Inteligência está sempre pronta a nos atender. Basta recorrermos a ela para recebermos uma resposta.

Você pode pedir e receber coragem, fé, força, poder e sabedoria, qualidades que transcendem os cinco sentidos e elevarão seu estado de espírito, trazendo um novo modo de ser e uma nova disposição. Se mantiver uma visão, contemplando sua materialização, ela se tornará realidade. A visão é aquilo em que você deposita toda sua atenção, o quadro mental em que focaliza seu pensamento. Portanto, é a focalização que modifica sua vida. A mente subconsciente tornará realidade tudo aquilo que foi objeto da sua plena atenção.

Se você ficar contemplando a suprema inteligência que habita seu ser, descobrirá que existe um poder disposto a atendê-lo, orientá-lo, dirigi-lo, a abrir novas portas, colocando-o na estrada para a felicidade, liberdade e paz de espírito.

Tenha em mente essa grande verdade: "Você sempre revelará seu caráter e estado de espírito em todas as ocasiões de sua vida."

AUMENTE O PODER DO SEU SUBCONSCIENTE
PARA DESENVOLVER A AUTOCONFIANÇA E A AUTOESTIMA

O caráter é o modo como você pensa, sente e crê; é a soma dos valores espirituais que estão entronizados em sua mente, acrescido da integridade e honestidade que você foi desenvolvendo ao longo da vida. Essas qualidades rendem lucros.

Libere seus talentos e habilidades, desenvolva um grande zelo e entusiasmo em aprender mais sobre seus poderes interiores e você se elevará a alturas que nem imaginava existir.

Pessoas ativas, confiantes e empreendedoras, que se dedicam aos seus negócios, que procuram agir corretamente e praticam a Regra de Ouro, sempre serão bem-sucedidas. É raro alguém sair da pobreza e obscuridade para a riqueza e fama por acaso, ganhando na loteria, recebendo um prêmio por heroísmo ou tendo a sorte de ser adotado por um milionário sem herdeiros. No aspecto mais comum da existência humana, é o caráter, a atitude mental, os pensamentos e sentimentos que constroem nossa vida ou acabam com ela. Portanto, é muito mais sábio e prudente abrigarmos em nossa mente ideias que abençoam, curam, inspiram, elevam e dignificam a alma.

Se você deseja se elevar acima da massa da população, peça à suprema inteligência, que habita o seu interior, para dar-lhe o que é necessário para isso e ela o atenderá. Conscientize-se de que a infinita inteligência está constantemente o orientando, revelando seus talentos latentes, abrindo novas portas e mostrando a direção que você deve seguir.

Atualmente existem apenas dois tipos de pessoa. Sim, apenas dois. Não se trata de bons e maus, porque todos sabemos que não existe uma pessoa totalmente má ou uma totalmente boa. Também não se trata de alegres e tristes, ricos e pobres ou orgulhosos e humildes. Esses dois únicos tipos de pessoa são: as pessoas que põem para cima e as pessoas que se encostam. Se você já teve

TORNE-SE UM INCENTIVADOR

oportunidade de conhecer muitos países, como eu, certa- mente constatou que todas as populações estão divididas nessas duas categorias. O mais estranho é que tudo indica que existe apenas um para cima a cada vinte que se encostam. Você conhece alguém que se encosta? Você é desses que põem para cima? Você é um que se encosta ou que vive choramingando? Lembre-se de que você está aqui para crescer, transcender e descobrir a divindade em seu ser; para enfrentar problemas, dificuldades e desafios, e para superá--los. Não está aqui para fugir deles. A alegria é vencer. Se você abrisse uma revista especializada e encontrasse todas as palavras cruzadas resolvidas, não haveria graça nenhuma. O prazer está em buscar a solução para o quebra-cabeça.

Estamos neste mundo para afiar nossas ferramentas mentais e espirituais, enquanto crescemos em sabedoria, força e entendimento. Se não fosse assim, jamais descobriríamos a Divindade dentro de nós. Por isso, não deixe seus filhos pequenos se encostarem em você o tempo todo. Quando tiverem idade suficiente, ensine-os a limpar o jardim, ajudar na cozinha e fazer pequenos serviços para parentes e vizinhos. Ensine-os que existe dignidade no trabalho e que serão recompensados desde que apresentem resultados satisfatórios. Crianças e jovens se sentirão premiados pelos seus esforços e aprenderão a confiar em si mesmos, aumentando sua autoestima. Ensine-os também que há sempre algo de bom nas pessoas e a tentarem atrair essa parte boa da personalidade dos outros quando entram em contato com eles. Assim, eles aprenderão a ser "para cima", em vez de crianças e adolescentes que vivem se queixando de professores, parentes, colegas, vizinhos etc.

Temos de ser cuidadosos no modo como ajudamos os outros. Jamais roube de uma criatura a oportunidade de aprender, crescer e progredir. Os filhos que recebem tudo "de bandeja" geralmente

AUMENTE O PODER DO SEU SUBCONSCIENTE
PARA DESENVOLVER A AUTOCONFIANÇA E A AUTOESTIMA

não têm oportunidade de se conhecer a fundo e encontrarão dificuldade de progredir na vida. A assistência contínua é prejudicial e destrutiva. Nunca caçoe de um jovem nem destrua a sua iniciativa. Dê-lhe oportunidade de superar as dificuldades e descobrir seus poderes interiores, para não se transformarem em pessoas que se encostam nos outros, na esperança de que eles resolvam seus problemas.

Eu disse a uma mulher para parar de encher a despensa de um parente que mudara recentemente para a sua cidade. Sua atitude era, em suma: "Coitado do Tom, é um estranho na cidade e está tendo dificuldade de encontrar um emprego." A mulher pagava o aluguel, comprava mantimentos e dava dinheiro para as pequenas despesas do dia-a-dia. O resultado foi que o rapaz continuou não encontrando nenhum tipo de trabalho e acabou se tornando um perfeito encostado, chegando ao cúmulo de se queixar de que a ajuda financeira que recebia não era suficiente. A gota final aconteceu no jantar de Natal, quando ele se aproveitou da oportunidade para roubar algumas peças da prataria da casa. "Como Tom teve coragem de me roubar depois de tudo o que fiz por ele?" As lágrimas escorriam pelo rosto da mulher.

Ela, de fato, não havia feito nada por Tom. Olhava para ele com os olhos da carência e limitação e, em vez de incentivá-lo a se elevar, de olhar para ele com a consciência de que, sendo humano, o rapaz era uno com a infinita inteligência e inesgotável sabedoria, que poderia orientá-lo para encontrar seu verdadeiro lugar na vida, agia como se mentalmente o estivesse vestindo em andrajos. Pobre Tom... a mulher só enxergava a pobreza e, por isso, aumentava a carência e limitação nela mesma, porque o que sentimos e pensamos sobre os outros, estamos criando em nossa própria mente e corpo.

TORNE-SE UM INCENTIVADOR

Tom captou de maneira subconsciente a atitude da mulher e reagiu de acordo, porque não poderia reagir de outra forma. Devemos estar sempre prontos para ajudar os que estão realmente famintos e necessitados, mas é preciso tomar o máximo de cuidado para que essas criaturas não se transformem em parasitas. Nosso auxílio deverá estar sempre baseado na orientação divina e a motivação primordial será ajudá-los a se ajudar. Ensine aos outros onde poderão encontrar as riquezas da vida e conquistar a autoconfiança, para, assim, terem a capacidade de contribuir para o bem da humanidade. Essas pessoas nunca mais pensarão em pedir um prato de comida ou uma roupa velha, porque aprenderam onde está a Fonte, porque você lhes mostrou como se conectarem com ela por meio da sua mente subconsciente e que, como aconteceu com tantos outros, eles poderão ter uma ideia que vale uma fortuna.

Como eu sempre digo, existe uma única mente, quer digamos que é a mente de Deus ou a mente humana. De onde vieram o rádio, a televisão, os automóveis? Da mente única. Devemos estar sempre dispostos a oferecer auxílio, mas é errado contribuirmos para aumentar a negligência, apatia, preguiça e indiferença dos outros. Afinal, todos estamos aqui para fazer girar a roda da vida e, mesmo se estivermos usando apenas uma tanga, alguém fiou esse tecido para nós.

O que você está fazendo pelos outros? Está trabalhando e contribuindo com seus talentos e habilidades? Ou é daqueles que dizem: "O mundo me deve isto ou aquilo?" Nada mais errado. Você tem de dizer: "O que eu devo para o mundo?" Há muitas pessoas que fazem da exploração um meio de vida. Enquanto encontrarem pessoas dispostas a dar, jamais se preocuparão com alguma coisa além de si mesmas.

AUMENTE O PODER DO SEU SUBCONSCIENTE
PARA DESENVOLVER A AUTOCONFIANÇA E A AUTOESTIMA

Conheci alguém que se passava por pessoa em situação de rua em Nova York que possuía três residências: um apartamento em Londres, um em Paris e uma casa de campo na região turística do estado, todos comprados com o dinheiro das esmolas. Quando me contou seu segredo, falou que morria de rir de pessoas que lhe davam um, cinco ou até dez dólares, com pena da sua figura.

A história dos Estados Unidos está cheia de exemplos de homens e mulheres que saíram da pobreza para se tornarem líderes da indústria e membros importantes do governo. Muitos jovens queixam-se da sociedade e do "sistema", e não gostam das palavras "ambição", "competição" e "sucesso". Entretanto, quando seus pais, avós e bisavós vieram para este país, estavam sem nenhum tostão e nem falavam a língua, mas com enorme esforço tornaram-se grandes engenheiros, médicos e físicos, contribuindo para a riqueza da nação.

Dave Thomas, que fundou a rede de restaurantes Wendy, é um exemplo desses vencedores. Tendo ficado órfão, foi adotado por uma família muito pobre. Sua mãe adotiva morreu muito jovem e seu pai adotivo, um trabalhador itinerante, jamais ficou tempo suficiente numa cidade para criar raízes. Dave teve que trabalhar desde pequeno e, na maioria das vezes, arranjava serviço nas cozinhas de hotéis e restaurantes.

Ele aprendeu bastante sobre o ramo de restaurantes e começou a pensar em ter um quando crescesse. Apesar das agruras da pobreza e da vida familiar instável, ele jamais desistiu do seu sonho. Insistindo nele, programou seu subconsciente para atingir sua meta e, apesar de enfrentar muitos revezes, jamais desistiu.

Trabalhando em diversos setores de muitos restaurantes, Dave acabou aprendendo todos os aspectos do negócio. Tornou-se um excelente cozinheiro, competente comprador e perito em relações

TORNE-SE UM INCENTIVADOR

humanas. Depois de muito tempo, tornou-se gerente de uma das lojas da cadeia Kentucky Fried Chicken. Seu grande sucesso nesse cargo lhe permitiu obter financiamento para abrir seu próprio restaurante e, com o passar dos anos, expandiu seus negócios até ser o dono de uma das mais lucrativas redes de fast food.

Apesar de seu êxito, Dave jamais esqueceu de suas origens. Depois do sucesso, começou a incentivar jovens que haviam abandonado a escola a retomar seus estudos. Como tivera de trabalhar para sustentar a família, fora obrigado a largar os estudos, mas ao se tornar bem-sucedido, voltara à escola 45 anos depois de abandoná--la para conseguir seu diploma de ensino médio. Valendo-se do seu exemplo pessoal, instituiu prêmios para encorajar pessoas de todas as idades a retomar os estudos.

— Ensino pessoas de todas as idades a programarem suas mentes para conseguir o máximo de instrução possível. O fato de eu ter me formado no ensino médio 45 anos depois de ter largado a escola para trabalhar mostra que nunca é tarde demais. Eu gosto de dizer e repetir que, apesar de tudo o que passei na minha infância e juventude, apesar de hoje ser um homem rico e empresário de sucesso, o meu maior orgulho é meu diploma.

Além do seu trabalho no campo da educação, Thomas tem um papel importante em programas que incentivam a adoção de crianças. Ele doou milhões de dólares e muito do seu tempo para ajudar essas entidades e para trabalhar junto aos órgãos governamentais para conseguir a promulgação de leis mais modernas nessa área.

Isso mostra que o desejo de sucesso de Dave Thomas não estava baseado apenas em obter ganhos egoístas ou uma posição de destaque, e que ele também pensava em ajudar os outros a solucionar problemas similares aos que havia tido em sua vida.

AUMENTE O PODER DO SEU SUBCONSCIENTE
PARA DESENVOLVER A AUTOCONFIANÇA E A AUTOESTIMA

Ao seu modo, você também pode fazer o que Dave Thomas fez. Você está aqui para partilhar, quer seja puxando um remo ou dirigindo um carro. A vida recompensa a fé, coragem, perseverança e persistência. É vencendo obstáculos que você desenvolve o caráter, e caráter é destino. Apoie-se na divina presença que habita o fundo do seu ser, e não em pessoas ou no governo. O governo não pode lhe dar nada além do que já tirou de você ou de sua família como cidadão pagador de impostos. Além disso, nenhum governo tem capacidade de legislar sobre paz, harmonia, alegria, abundância, segurança, sabedoria, amor ao próximo, prosperidade e benevolência.

É você que cria tudo isso. Nunca se engane a esse respeito. O verdadeiro governo está em sua própria mente, que é um governo de ideias divinas geradas pelo divino amor. É o governo das pessoas livres. Ninguém mais no mundo lhe pode garantir liberdade, paz de espírito ou saúde. Isso tudo vem do mundo espiritual que existe em seu interior.

Há "encostadores" que navegam à deriva, agarrados ao seu sobrenome, histórico familiar ou beleza, sem consciência do seu vazio interior. Essas pessoas caem, porque não têm segurança nem força interior. O que realmente nos suporta é nossa fé, autoconfiança e confiança nos poderes da mente subconsciente.

Um executivo de Los Angeles me contou que havia perdido todos os seus bens em uma grave crise na bolsa de valores. O mesmo acontecera com seu irmão. Ambos tinham fortunas de mais de US\$1 milhão. O irmão cometeu suicídio, atirando-se de um prédio, depois de dizer que não tinha por que viver depois de perder tudo. O executivo me contou que disse a si mesmo: "Eu perdi muito dinheiro. E daí? Tenho boa saúde, uma esposa dedicada,

TORNE-SE UM INCENTIVADOR

talentos e habilidades, além da sabedoria que adquiri ao longo de anos. Sou esperto e tenho tino financeiro. Vou recuperar tudo." Ele pôs mãos à obra e não recusou nenhum tipo de serviço. Chegou até a lavar automóveis e cortar grama enquanto não encontrava um emprego estável. Voltou a guardar dinheiro e a fazer bons investimentos. Alguns anos depois, havia recuperado sua fortuna.

Perceba que ninguém tirou os talentos, habilidades, sabedoria, compreensão e experiência desse homem. É aí que está a riqueza, o pote de ouro dos contos de fadas. A pérola mais bela e mais cara está em nossa própria mente, que é onde andamos e falamos com Deus.

O executivo de Los Angeles aconselhou muitas pessoas sobre investimento financeiro e elas também acabaram ganhando pequenas fortunas. Quem faz dinheiro para os outros, faz para si próprio. Esse homem era "para cima". Conseguiu se levantar, porque sabia que há um poder divino que lhe revelaria uma saída. Recorrendo às suas reservas espirituais, recebeu força, coragem, sabedoria e orientação.

A infinita inteligência está pronta para atender o seu apelo. Você é uno com Ela. Diga: "Eu e meu Deus somos um só." Não se apoie em imóveis, ações, no governo, na sua genética ou coisa parecida. Confie na suprema sabedoria, que está sempre cuidando de você, sempre lhe dando apoio. Pare de olhar para fora e volte--se para seu interior. Quem procura auxílio no lado de fora, está roubando poder, sabedoria e inteligência de si próprio. O Espírito vivo, que o criou e está no fundo do seu ser, é a fonte de tudo o que existe no universo.

O mundo inteiro já estava aqui quando você nasceu. Sim, o Sol, a Lua, as estrelas, as montanhas e os vales, e todos os minerais preciosos já estavam aqui quando você nasceu. A vida foi uma

AUMENTE O PODER DO SEU SUBCONSCIENTE
PARA DESENVOLVER A AUTOCONFIANÇA E A AUTOESTIMA

dádiva que você recebeu e não tem cabimento dizer que temos de ganhar a vida. Você está aqui para expor o esplendor que está escondido em seu interior, para libertar seus talentos. Se acha que veio a este mundo para ganhar a vida, nunca fará mais do que isso. Acredite em você mesmo como um ser espiritual grandioso, reconhecendo sua divindade.

Seja uma pessoa "para cima", tomando consciência de que existe um infinito poder que lhe dá apoio, que o cura, inspira, que lhe abre novas portas. Ele lhe dá ideias novas e criativas, o presenteia com a sensação de uma profunda segurança que jamais é abalada, que sempre houve e sempre haverá. Se você acreditar em uma presença e confiar nela, maravilhas acontecerão em sua vida.

As pessoas "para cima" enfrentam os problemas cara-a-cara e dizem consigo mesmas: "Este problema já está solucionado. Ele está aqui, mas a suprema inteligência, que para mim é Deus, também está aqui. E Deus sempre vence." Esses indivíduos se engalfinham com todos os obstáculos, sejam eles de cunho financeiro ou científico, com fé, coragem e confiança. Vencem a doença, o temor e a ignorância.

Jamais eliminaremos os problemas materiais se não os eliminarmos em nossa mente. Atualmente, fala-se muito em poluição, mas a verdadeira poluição está na mente. Antes de tomar qualquer medida para combatê-la, precisamos limpar a mente, que está poluída com medo, ignorância, cobiça e todos os males que existem no mundo. Limpando a mente, não precisaremos nos preocupar com o clima da Terra, porque acabará surgindo um cientista que descobrirá um meio de limpá-la, pois é certo que para tudo existe um antídoto.

Uma antiga parábola estadunidense diz de um franguinho fraco que é bicado até a morte pelos mais fortes. O garoto que não

TORNE-SE UM INCENTIVADOR

tem confiança em si mesmo, que se sente derrotado, rejeitado e menosprezado pode se tornar a vítima fácil do valentão da escola. Por quê? Além da escolha do valentão, porque ele pode se sentir fraco por dentro, porque se sente inferior, inadequado, porque vive dizendo a si próprio que não vale nada. Todavia, se esse menino, mesmo consciente das suas fraquezas, se ligasse a Deus, confiando no seu apoio, ele faria o valentão se afastar. Sinta a sua dignidade e grandiosidade como filho de Deus, que todos somos. Conscientize-se de que você é imune a insultos, críticas e difamação dos outros, porque está com Deus. Exaltando e amando a divina presença em seu interior, todos, até os seus supostos inimigos, se sentirão constrangidos a tratá-lo com cordialidade e respeito.

Recuse-se a aceitar o sofrimento, jamais mostre resignação diante de qualquer situação. Você é um ser transcendente e tem a capacidade de se elevar mentalmente acima das condições e circunstâncias da vida. Quando Abraham Lincoln foi informado que um membro do seu ministério, nada menos que o secretário da Defesa, estava insultando-o pelas costas e afirmando que não passava de alguém ignorante, respondeu: "Ele é o maior secretário da Defesa que este país já teve." Ninguém conseguia magoar Lincoln ou ferir seu ego, porque o presidente sabia muito bem de onde vinha sua força e tinha certeza de que nada, a não ser seus próprios pensamentos, poderiam puxá-lo para baixo. Lincoln era um homem "para cima" e reconhecia a divina presença em sua vida. Por isso reuniu forças para elevar o país inteiro.

Se alguém o criticar ou condenar, ou o xingar de cachorro, por que se abalar? Você não é cachorro e qualquer ofensa teria de vir a partir de um movimento do seu próprio pensamento. Ninguém pode ofendê-lo a não ser você mesmo. Você pode amaldiçoar ou abençoar. Onde não existe opinião, não há sofrimento. Se uma

AUMENTE O PODER DO SEU SUBCONSCIENTE
PARA DESENVOLVER A AUTOCONFIANÇA E A AUTOESTIMA

fruta é amarga, não coma dela. Onde não há julgamento, não há dor.

Como você reagiu diante das manchetes dos jornais da manhã? Ficou irritado? Ainda está trêmulo de raiva? Se continuar agindo dessa maneira, tudo o que vai conseguir é uma úlcera gástrica, pressão alta ou enxaqueca. Quem lhe causou a enxaqueca? O jornalista que escreveu a notícia? É óbvio que não, foi você mesmo. O jornalista tem o direito de escrever o artigo e goza da liberdade de dizer o que pensa. Você também tem liberdade para escrever para o jornal e contradizer tudo o que saiu impresso.

Seus parentes por afinidade, como sogra, sogro, cunhado ou cunhado o irritam, porque não pensam do modo como você gostaria que pensassem? Você está sempre resmungando: "Por que fulano ou fulana fez isso ou aquilo? Eu nunca teria agido desse jeito. Por que não acreditam no que eu acredito?" Ora, eles são adultos e têm o direito de fazer o que querem. Se o modo das pessoas se comportarem está lhe causando perturbação, daqui a pouco você ficará doente e terminará deitado no sofá de um psiquiatra.

Creio que você já ouviu falar de pessoas "bondosas", que defendem a "caridade com os detentos" e criam grupos que procuram obter liberdade condicional para homens presos por assaltos e crimes sexuais, que não hesitaram em matar ou ferir suas vítimas, ou deixar terríveis sequelas mentais em meninos e meninas. Eles afirmam que estão mudados, que encontraram Deus ou Jesus, que agora conhecem a palavra, e as pessoas "caridosas" são tão ingênuas que acreditam piamente nisso. Mas quantas vezes você leu no jornal que alguém que acabou de receber liberdade condicional ou licença para visitar a família nos feriados mais importantes voltou a cometer o mesmo crime? Quantos assaltos, estupros e mortes teriam sido evitados se essas pessoas continuassem presas?

TORNE-SE UM INCENTIVADOR

Antes de querer elevar os outros e ajudá-los, uma pessoa precisa crescer em sabedoria e compreensão. Ninguém pode dar o que não tem. E quem não tem um mínimo de sabedoria e perspicácia vai querer libertar malfeitores, acreditando em histórias supostamente milagrosas, dando-lhes a oportunidade de repetirem seus crimes.

Uma pessoa com um mínimo de perspicácia, que acredita num princípio orientador, jamais se deixaria cair nessa armadilha. É sempre errado libertar indivíduos que mataram, feriram e destruíram. Naturalmente, não devemos odiá-los, mas o que é certo é certo. Pessoas assim não podem viver em sociedade. Antes de chegarem onde estão, tiveram, como qualquer ser humano, a possibilidade de se modificarem.

Só podemos dar o que possuímos. Muitos pastores "de fundo de quintal" e pessoas "boazinhas" estão apenas projetando seus próprios defeitos e inadequações nos outros. Mas, como diz a Bíblia, alguém que não sabe o caminho não pode guiar o outro. Muitas pessoas vivem condenando a ingestão de bebidas alcoólicas, afirmando que elas são coisas do diabo. Porém, o mal está na mente, e não no álcool, que não tem poder sobre ninguém. Podemos muito bem derramar a bebida na pia e jogar a garrafa no lixo.

Ninguém é capaz de mudá-lo, senão você mesmo. Seu verdadeiro eu é Deus e por isso você precisa exaltar, honrar, reverenciar e respeitar essa divina presença. Como é possível afirmarmos que amamos nosso próximo se não amamos a nós mesmos? Dê à sua divindade interna toda sua devoção. Não dê poder a homens, mulheres, instituições, paus e pedras, às estrelas, aos elementos ou à Lua. Ao fazer isso, você está vagando para fora do paraíso na companhia de estranhos deuses.

Quem respeita a divindade interior, automaticamente respeita a divindade no policial, no professor, no seu pai e na sua mãe, no

AUMENTE O PODER DO SEU SUBCONSCIENTE
PARA DESENVOLVER A AUTOCONFIANÇA E A AUTOESTIMA

seu vizinho mais próximo, sabendo que todos são uma encarnação de Deus. A pessoa que compreende essa verdade se eleva, se torna um indivíduo "para cima" e pode afirmar: "A infinita presença e o infinito poder me deram este desejo e a divina sabedoria vai me revelar o perfeito plano para que ele se torne realidade." Esse é o tipo de atitude que acaba com todas as frustrações, o modo de conseguir uma resposta à sua prece.

Somos todos interdependentes. Posso precisar de um médico, advogado, psicólogo ou carpinteiro, e eles poderão precisar de mim. Porém, devemos nos lembrar de tentarmos elevar a todos, a ver cada pessoa como ela deveria ser, filha de Deus, alegre, próspera e feliz.

Seja uma pessoa "para cima". Tenha ambição, deseje o sucesso. Você nasceu para ser bem-sucedido nas suas preces, no seu negócio, nos seus relacionamentos e na sua comunhão com o divino. Não dê ouvidos para os que afirmam desprezar o sucesso, vendo virtude na mediocridade. Se você é médico, deve querer ser um excelente profissional para poder salvar muitas vidas. Não se contente com pouco. Queira ser um grande engenheiro, um grande professor, um grande cientista ou um grande administrador de empresas. Assim, poderá trazer grandes bênçãos para a humanidade.

Acostume-se a embelezar e adornar as pessoas com o brilho do amor. É fácil. Basta amar e exaltar Deus dentro de seu ser e automaticamente você o estará exaltando e amando nos outros. Se você é casado e não exalta a divindade em seu interior, se não a ama ou respeita, não terá respeito ou amor pelo seu cônjuge. É impossível.

Busca e acharás. Sim, você encontrará palavras em pedras, sermões em árvores, canções em riachos e Deus em tudo, porque só existe um Deus. A pessoa que se eleva e promove a elevação dos outros tem conhecimento instintivo da verdade que existe numa frase da Antiguidade que diz: "O que tu vês é o que serás; Deus se tu vês Deus, pó se tu vês pó."

Hoje, muitos jovens condenam o materialismo, sem saber que isso não existe. Somente existem o Espírito e a matéria. A matéria é o grau mais baixo do Espírito, e o Espírito é o mais alto grau da matéria. Pior ainda, eles condenam o materialismo, mas usam o cartão de crédito adicional dos pais para comprar o carro da moda e todo o tipo de bugigangas, como celulares com joguinhos eletrônicos e iPods. Gostam muito das coisas materiais, mas falam mal do materialismo. Isso é pura hipocrisia. Agem como o sacerdote que condena a riqueza, mas pede contribuições para melhorar a decoração da igreja.

Pare de viver nas sombras e de ser arrastado pelas marés da vida. Exalte Deus dentro do seu ser, o Todo-poderoso. Ser uno com Deus já constitui uma maioria. Deus está em você agora.

Resumo do capítulo

- Caráter é destino. Caráter é o modo como você pensa, sente e crê, os valores que entronizou em sua mente, e a integridade e honestidade que colocou em sua mente. Essas qualidades dão lucro e se reproduzem. Liberte seus talentos e habilidades e desenvolva o entusiasmo para aprender mais sobre seus poderes internos. Então, você poderá se elevar a alturas surpreendentes.

- Pensamentos e emoções criam seu destino. Qualquer ideia sentida como verdade e revestida de emoção será aceita pelo seu subconsciente, que a fará se tornar realidade, quer seja uma ideia boa, má ou indiferente. Portanto, é prudente procurar ter sempre ideias positivas, capazes de curar, abençoar, inspirar, elevar e dignificar a alma. Essas ideias envoltas em emoções penetram na sua mente subconsciente e você será compelido a agir de acordo com elas.

- Você está aqui para crescer, transcender e descobrir a divindade que habita seu interior. Está aqui para enfrentar problemas, dificuldades e desafios, e vencer. É na superação dos obstáculos que se encontra a alegria.

- Seja uma pessoa "para cima", conscientizando-se de que existe um poder infinito para apoiá-lo. Esse poder o curará, inspirará, abrirá novas portas, lhe dará ideias novas e criativas, o presenteará com uma profunda sensação de segurança, que será inabalável e permanente. Você só precisa acreditar nessa presença e confiar nela para acontecerem maravilhas em sua vida.

- Seja uma pessoa "para cima". Sim, você deve ter ambição, deve querer o sucesso. Há pessoas que afirmam desprezar o sucesso. Não dê ouvidos a elas. Você nasceu para ser bem-sucedido nas suas preces, nos relacionamentos, no trabalho e na comunhão com o divino.

CAPÍTULO 6
Há coisas que você não pode mudar

Existe um velho ditado evangélico que diz: "A prece tudo muda." Sem dúvida, é uma verdade, mas apenas em parte. A prece é a contemplação das verdades de Deus a partir do mais alto ponto de vista, mas muda somente quem faz a oração. Nós nos transformamos naquilo que contemplamos. Se meditarmos sobre harmonia, beleza, amor, paz, sobre a orientação divina nos levando a fazer a ação correta e a olhar com benevolência para o mundo em que vivemos, vamos compreendendo e absorvendo, quase como por um passe de mágica, a imagem e semelhança de nossa contemplação. Essa atitude modificada é refletida no modo como os outros reagem aos nossos atos.

Há muitos anos, quando Nikita Khrushchov, na época o líder da então União Soviética, visitou os Estados Unidos, uma mulher me escreveu dizendo que estava rezando por ele, pedindo a Deus para mudá-lo, tornando-o mais pacífico e harmonioso, e disposto a mostrar um maior respeito e afeto pelo nosso país. Acreditava que enviando boas vibrações para o Sr. Krushev, ele mudaria de atitude. Apesar da boa vontade, essa senhora estava totalmente errada.

Respondi-lhe que, por mais que desejasse, nunca conseguiria modificar ninguém, além dela mesma. Entretanto, trabalhando em conjunto com outras pessoas, poderia ajudar a mudar o mundo. Para isso, precisava começar a reconhecer, de maneira regular e sistemática, a presença de Deus em todos os seres humanos,

AUMENTE O PODER DO SEU SUBCONSCIENTE
PARA DESENVOLVER A AUTOCONFIANÇA E A AUTOESTIMA

reiterando algumas das grandes verdades divinas até elas se afundarem em seu subconsciente e se transformarem em convicções inabaláveis.

Enviei-lhe a seguinte meditação:

Sou divinamente orientado em todos os meus pensamentos e atos. Penso, falo, ajo e reajo a partir do ponto de vista do Deus Residente. Medito sobre tudo o que é verdadeiro, belo, nobre e semelhante a Deus. Contemplo a divina lei e a divina ordem em minha vida. O amor divino enche minha alma. A divina ação correta reina suprema. Sei que cada pensamento tende a se manifestar em minha vida com diferentes intensidades e que, continuando a pensar nas grandes verdades, elas acabarão se concretizando e eu serei compelido a expressar e irradiar tudo o que está em meu pensamento diário. Meditando em conjunto com outras pessoas, sou capaz de gerar uma força espiritual de enorme intensidade, capaz de neutralizar os venenos mentais da mente das massas.

A Bíblia diz "Fazei Deus despertar e Seus inimigos serão destruídos", o que significa acordar a luz, a verdade e o amor de Deus em nossa própria mente e coração; os inimigos são medo, ódio, inveja, ciúmes, cobiça, raiva, dúvida e autocondenação. São esses os venenos que nós mesmos geramos em nossa mente. Jesus os chamou de inimigos dentro de nossa própria casa. Mas quando o amor, a luz e a verdade despertarem, eles serão destruídos dentro de nossa própria mente. Então, as vibrações espirituais de amor, paz, harmonia e boa vontade serão derramadas sobre toda a humanidade, anulando, pelo menos em parte, os miasmas da mente coletiva.

HÁ COISAS QUE VOCÊ NÃO PODE MUDAR

Rezar por alguém é completamente diferente de tentar modificar essa pessoa. Por exemplo, se sua mãe lhe pedir para orar por ela, você aceitará a incumbência com prazer e começará a contemplar a infinita presença curadora fluindo através dela, como harmonia, beleza, paz, alegria e vitalidade. Meditando sobre a completude e perfeição de Deus e Seu divino amor, você elevará seu grau de conscientização e sua mãe, estando aberta e receptiva, captará a ideia de saúde perfeita, que penetrará em seu subconsciente e irá despertar sua própria noção de saúde perfeita. Ambas atingirão a convicção mental de que vai haver uma cura e, como "tudo o que pedirdes com fé recebereis", se você de fato acreditar no que esteve afirmando como verdade, ela se concretizará.

Anos atrás, alguém me contou sobre uma mulher que estava em verdadeiro estado de fúria por causa da música que vinha do hotel vizinho ao seu prédio de apartamentos, que nunca parecia ter fim e martelava nos seus ouvidos, manhã, tarde e noite. Depois de tentar resolver o caso por meio de telefonemas, foi reclamar diretamente com o gerente do hotel. Ele informou-a que quem tocava era um grande pianista francês, que ensaiava para o concerto que daria na cidade. A mulher soltou um gritinho de surpresa e contou que havia comprado entradas para o espetáculo e, sorrindo, falou que iria chamar seus amigos para virem à sua casa para ouvirem o artista tocar. Perceba que o hotel continuou sendo o mesmo e a música também. A única coisa que mudou na situação foi o pensamento dessa senhora. Como sempre digo, ninguém muda nada, a não ser a si próprio.

O falecido Henry Hamblin, editor do *Science of Thought Review*, contou-me que no início de sua carreira como autor enfrentava dificuldades financeiras. Uma noite, quando voltava para casa, foi surpreendido por uma grande nevasca, o que não é muito frequente em Londres. Parecia-lhe que estava cercado por uma avalanche de flocos de neve. Conhecendo o valor do pensamento criativo, imaginou que as riquezas de Deus estavam caindo do céu sob forma de flocos de neve, que se transformavam em moedas de ouro quando o tocavam, e abriu sua mente e seu coração para a abundância que vinha de Deus. Hamblin manteve sua receptividade mental até chegar em casa, o que levou cerca de uma hora, e durante todo o tempo foi saturando o subconsciente com a ideia da opulência de Deus. Dessa época em diante, ele jamais passou necessidade — material, mental e espiritual —, porque tudo o que era bom fluía para sua vida ininterruptamente. A cidade de Londres, a neve e o clima continuavam os mesmos, mas Henry Hamblin modificara sua conscientização, ou seja, o pensamento interno. Ele fazia questão de contar esse acontecimento para incentivar as pessoas a mudarem a si próprias, explicando que uma mudança na sua atitude mental causara uma transformação na sua vida.

Ninguém tem poder para modificar as marés, a rotação da Terra, a posição do Sol ou a ordem das galáxias no espaço. Ninguém é capaz de mudar as órbitas percorridas pelos planetas, interferir no calor do Sol ou no ciclo das estações. Deus atua no plano cósmico ou universal e nós, humanos, trabalhamos no plano individual. Em outras palavras, Deus estabeleceu as leis da natureza e elas são eternas e imutáveis. A inteligência universal só poderá nos ajudar por meio dos nossos pensamentos, da nossa imaginação criativa e de nossas crenças, porque, para Ela poder atuar no plano individual, Ela precisa se tornar individual. Isso é o que a ciência moderna nos ensina.

Você não pode mudar muitas coisas, mas sem dúvida pode modificar seu modo de pensar e ser, e criar e moldar seu próprio futuro. Seus pensamentos e emoções criam seu destino, quer você tenha consciência disso ou não.

HÁ COISAS QUE VOCÊ NÃO PODE MUDAR

Visitei no hospital um homem que passara por uma cirurgia muito delicada, e ele me disse que seus rins haviam deixado de funcionar. Pediu-me para orar por ele e acrescentou: "Não existe futuro para mim. Estou com quarenta anos e ainda tenho filhos pequenos. O que vai acontecer com minha família? Acho que só me resta rezar."

Eu lhe disse que o primeiro passo de qualquer cura é ter uma crença sincera na existência de uma força curadora cósmica que criou nosso corpo e todos os órgãos, e pode curá-lo e restaurá-lo a qualquer momento. O homem me acompanhou na seguinte prece:

Nós agora nos unimos na conscientização de que a infinita presença curadora, que fez seu corpo e todos os seus órgãos, conhece todos os processos e funções do seu organismo, e agora o milagroso poder curador está permeando todos os átomos do seu ser, fazendo-o íntegro e perfeito. Todos os seus órgãos são ideias de Deus e, através do Seu Imenso Poder, agora estão funcionando com perfeição.

Cerca de quinze minutos depois, nossa prece foi atendida e os rins começaram vagarosamente a funcionar, surpreendendo o cirurgião e os médicos. Esse homem voltou para a sua família e, atualmente, tem saúde perfeita. Quando conversou comigo há pouco tempo, me disse: "Meu futuro está garantido, porque agora sei que meu futuro é meu pensamento atual amadurecido", o que é a pura verdade. Ele sabe que sua fé na bondade e orientação de Deus e no poder criativo do seu próprio pensamento lhe trarão todas as benesses da vida. Com essa atitude, está construindo um glorioso futuro, pleno de harmonia, saúde, paz e abundância. Quando eu estava proferindo uma série de palestras no Science College, em Belfast, na Irlanda, fui procurado por uma moça, que disse: "Não sinto em mim o poder de cuidar dos meus próprios problemas e dificuldades, e não vejo como poderei ajudar na solução dos problemas mundiais. Eu sou divorciada, sinto uma grande solidão, tenho ódio de mim mesma e sei que não presto para nada."

Eu lhe expliquei que esse estado de espírito era causado por pensamentos negativos habituais, constante crítica e autocondenação, que estavam envenenando todas as suas fontes de esperança, fé, confiança e entusiasmo, transformando-a num bagaço físico e mental. Era como se estivesse tomando um veneno mental gerado por si mesma, poluindo o santuário do Deus vivo que havia em seu interior, isto é, a sua própria mente.

Eu lhe contei a história de Eddy Rickenbacker, o famoso aviador, que depois de um naufrágio no Oceano Pacífico, navegava à deriva numa balsa, junto com alguns companheiros. Ele rezou por alimento e uma gaivota veio voando e pousou em sua cabeça, permanecendo tempo suficiente para ser apanhada. Também orou para serem encontrados e, apesar da vastidão do oceano, foram avistados e salvos. Eddy sempre acreditara na sabedoria e no poder de Deus, e sabia que era protegido por Ele. A resposta veio, porque o infinito poder atende nossos clamores quando oramos, acreditando. "Clamai e eu responderei. Estarei com vós na adversidade. Habitareis à sombra da casa do Altíssimo porque conheceis o meu nome." Na Bíblia, "nome" sempre significa a natureza de alguma coisa. A natureza da infinita inteligência é atender ao seu chamado.

Esse relato causou uma profunda impressão na jovem irlandesa. Eu lhe dei a prece que se segue, salientando que devia entendê-la como um processo de recondicionamento de sua mente e que quando lhe ocorressem pensamentos negativos de qualquer tipo, o que certamente aconteceria, porque estabelecera o hábito destrutivo de estar sempre se condenando e menosprezando, deveria no mesmo instante suplantá-los com um pensamento de espiri-

HÁ COISAS QUE VOCÊ NÃO PODE MUDAR

tualidade. Esta é a prece que ela deveria ler em voz alta, todas as manhãs e noites, repetindo-a por cerca de dez minutos.

Eu sou uma filha de Deus. Eu sou um canal para Deus. Deus precisa de mim onde estou agora, porque, se não fosse assim, eu nem estaria aqui. Sei que estou aqui para expressar cada vez mais o amor de Deus, a vida, o amor e a beleza. Estou aqui para fazer minha parte e contribuir para o bem da humanidade. Tenho muito a dar. Sou capaz de dar amor, alegria, confiança e boa vontade a todos que se aproximam de mim, a todas as plantas e animais do mundo, a todas as coisas que fazem parte do universo de Deus. Estou aqui para despertar a dádiva de Deus que está dentro de mim. Agora sei que, em termos mentais, sou um lavrador e irei colher o que semear. A vida é como um espelho e reflete tanto os pensamentos de um rei como os de um mendigo. Tudo o que eu dou à vida volta a mim ampliado, multiplicado, transbordando. Planto no jardim da minha mente sementes de paz, amor, benevolência, sucesso, harmonia e alegria. Eu me perdoo por ter abrigado pensamentos negativos e destrutivos, e irradio amor e compreensão sobre meus parentes e todos que me cercam. Saberei quando fui capaz de perdoar, porque, quando eu os vir com os olhos da mente, não sentirei nenhuma pontada de amargura. Agora eu não me deixo mais envolver pela raiva e estou livre de sensações negativas. Estou constantemente saboreando os frutos das sementes que plantei no meu subconsciente, que é o Jardim do Éden, o Jardim de Deus. Sei que meus pensamentos, como essas sementes, germinarão e se manifestarão como forma, função, experiência e condições em minha vida. Penso no que é bom, e o poder cósmico que habita em meu ser fará o bem se concretizar em minha vida. Estou em paz.

AUMENTE O PODER DO SEU SUBCONSCIENTE
PARA DESENVOLVER A AUTOCONFIANÇA E A AUTOESTIMA

A moça seguiu minhas instruções e repetiu essa prece diariamente, dez minutos de manhã e dez à noite, convencendo-se de que seus olhos viam essas verdades e seus ouvidos as escutavam, ativando a função dos seus sentidos de visão e audição, contribuindo para reforçar o poder das suas afirmações.

Algum tempo depois, recebi uma carta:

> Caro Dr. Murphy, todos gostamos demais das suas palestras em Belfast. O senhor abriu os olhos de muitas pessoas. Escrevo para lhe contar sobre a mudança que aconteceu em mim. Segui suas instruções e comecei a ler em voz alta a prece que me deu. Poucos dias depois, toda a amargura que havia em minha alma desapareceu como num passe de mágica. Eu me matriculei numa escola de dança. Trabalho numa loja e fui promovida a chefe de meu departamento. O subgerente me pediu em casamento, e vamos nos casar dentro de seis meses. Perdoei a mim mesma e a todos meus parentes. Vejo cada dia como um novo dia e sei que sou capaz de prever o meu futuro, porque ele estará em acordo com o que penso, sinto e imagino. Sou muito grata ao senhor. Tudo é maravilhoso.

Em uma outra viagem à Irlanda, encontrei um motorista que me perguntou: "O que acontece quando um padre reza por chuva e um ministro protestante reza para parar de chover?"

Dei-lhe uma breve explicação, mas a resposta é que há uma sabedoria universal que governa o universo inteiro, regulando a ação dos raios cósmicos, das manchas solares, do calor e do frio, e o ciclo da água no nosso mundo. Ela também regula a atmosfera e atende às necessidades de todos os seres humanos que habitam a Terra.

HÁ COISAS QUE VOCÊ NÃO PODE MUDAR

Os elementos que constituem a atmosfera são inócuos. Há um número imenso de pessoas que atribuem seu reumatismo ou ciática à chegada do inverno. Elas ficam realmente doentes por causa da sua expectativa, crença e temor. Como disse Jó: "Porque aquilo que temia me sobreveio; e o que receava me aconteceu." Essa é uma lei psicológica e absolutamente verdadeira. Milhões de pessoas não ficam com dores reumáticas ou rinite, não pegam resfriados nem gripe quando o clima muda. Obviamente, isso se deve ao clima mental e emocional que reina em suas mentes. Você precisa se conscientizar de que a saúde e paz de espírito pertencem a Deus e são sempre as mesmas, ontem, hoje e para sempre.

A Bíblia diz: "Apegai-vos a Ele e vivei em paz, e o bem virá a vós." Apegue-se à presença divina que habita seu ser, ao Espírito Vivo e Todo-poderoso, que jamais fica doente, frustrado ou abalado. Ele nunca nasceu e nunca morrerá; a água não pode molhá-lo, o fogo não pode queimá-lo. Quando você nasceu, já existia em seu interior algo que nunca nasceu; quando você morrer, haverá em seu interior algo que jamais morrerá. Da mesma forma, há algo dentro de você que nunca adoece, que nunca é ferido. Ame e respeite a presença divina que vive no âmago do seu ser. Deixe o oceano infinito da paz, alegria e sabedoria fluir através do seu corpo e você descobrirá que é capaz de se ajustar a qualquer estação ou mudança climática da Terra. Pessoas preocupadas e temerosas que dizem: "Não saio à noite porque o sereno me dá dor de cabeça", ou "Tenho uma gripe danada sempre que molho os pés", ou ainda "Correntes de vento me dão tosse", não percebem que estão decretando doenças e desconfortos para si próprias. O sereno, a corrente de ar e o inverno nunca disseram a ninguém: "Vou lhe dar uma gripe ou infecção." Não, foram os seres humanos que poluíram a atmosfera com suas crenças estranhas, grotescas e supersticiosas. E, como nos ensina a palavra de Deus, "o que pedirdes com fé, recebereis".

AUMENTE O PODER DO SEU SUBCONSCIENTE
PARA DESENVOLVER A AUTOCONFIANÇA E A AUTOESTIMA

"O temor de Deus é o começo da sabedoria", diz o Livro dos Provérbios. "Temor" pode ser definido como "medo", mas tem um significado muito mais profundo, que é ter um respeito reverente e sadio pelo que é imutável. Portanto, dê poder à presença de Deus em seu interior, e não para o frio ou para o ar que você respira.

Ninguém muda Deus, que é o mesmo ontem, hoje e para sempre. Você tem de se alinhar com os princípios e verdades universais que já existiam muito antes de qualquer ser humano andar sobre a Terra.

Recebo muitos cartões de boas-festas com a famosa "prece da serenidade", que diz:

> Que Deus me dê coragem para modificar as coisas que podem ser mudadas, a serenidade de aceitar as coisas que não podem ser mudadas e sabedoria para entender a diferença que existe entre elas.

Os Alcoólicos Anônimos e outros grupos de autoajuda há muito adotaram essa oração. Ela resume tudo o que eu estive explicando até agora. Você precisa escolher a parte boa das coisas e tornar-se um canal pelo qual fluirão a luz, o amor, a beleza, a verdade e a paz do Todo-poderoso de maneira incessante e eterna. Quando você fecha a porta do seu quarto e apaga a luz, lembre-se de jamais dizer que está sozinho, porque isso não é, e nunca será, verdade. Deus habita em seu interior e cuida de você incessantemente.

Uma mulher veio me procurar. Estava abatida e deprimida, sofrendo de um complexo de culpa porque seu genro havia baleado um vizinho depois de uma briga num bar. Atribuía o acontecido a traços de personalidade que considerava típicos da humanidade. Expliquei-lhe que ela não era responsável pelo estado de espírito dos outros e que não era correto assumir a culpa pelos atos treslou-

HÁ COISAS QUE VOCÊ NÃO PODE MUDAR

cados de pessoas insanas. Se começasse a se afligir e se preocupar com a conduta de todos, acabaria ficando doente, porque o fato é que nos tornamos o que contemplamos em nosso pensamento. Acrescentei que seu papel neste mundo era avançar com a certeza de que estava envolvida no amor e na paz de Deus, assim gerando um clima de paz, amor e harmonia que transmitiria para todos os seres humanos. Essas vibrações espirituais tendem a minimizar e neutralizar os miasmas venenosos de medo, ódio, inveja e cobiça que poluem a mente das massas ou o inconsciente coletivo.

Eu a fiz ver que estava abrigando dentro de si um muro das lamentações construído pela depressão e culpa, e que, se continuasse agindo dessa maneira, seria contaminada pela desesperança, apenas adicionando miséria e sofrimento à sua existência. No fim de nossa conversa, ela se absolveu da sensação de culpa e saiu de minha sala como uma mulher livre, abençoada pela luz do amor de Deus.

Temos de tomar muito cuidado e não permitir que demagogos de todos os tipos lancem sobre nós a culpa por crimes cometidos por outras pessoas. Por que deveríamos sentir culpa? Não há nada que possamos fazer para impedir o modo de pensar e falar dos outros nem seus atos insensatos. Ninguém tem de se culpar porque fulano de tal matou sua mulher a tiros. Não há o menor sentido em gerar mais venenos mentais, resultantes de pesar, tristeza, hostilidade e preconceitos, e lançá-los no inconsciente coletivo, que já está intensamente contaminado. Não deixe outras pessoas manipularem sua mente com propósitos que muitas vezes são inconfessáveis.

Sua missão na vida é caminhar tendo plena consciência do amor de Deus e sabendo que, se seus olhos estiverem em Deus, o mal não surgirá na sua estrada.

A paz do Deus Eterno enche sua alma. Ela é uma lâmpada para iluminar seus pés e seu caminho. Deus é amor, e a presença curadora do Deus vivo o anima e sustenta. A luz de Deus permeia todos os átomos do seu ser para que todo o seu corpo dance acompanhando o ritmo do Deus Eterno.

Resumo do capítulo

- Existem coisas que você não pode mudar, mas pode mudar a você mesmo e criar e moldar seu próprio futuro. Os pensamentos e as emoções criam o seu destino, quer você tenha ou não consciência disso.
- Quando estiver em dúvida sobre como deverá agir diante de uma situação, faça a Prece da Serenidade:

Deus, me dê coragem para modificar as coisas que podem ser mudadas, serenidade para aceitar as coisas que não podem ser mudadas e sabedoria para entender a diferença que existe entre elas.

- Seu propósito na vida é caminhar tendo consciência do amor e da paz de Deus, para assim poder gerar um clima de paz, amor e harmonia para o mundo inteiro. Essas vibrações espirituais tendem a minimizar e neutralizar os venenos resultantes dos padrões de medo, ódio, inveja e cobiça que se originam no inconsciente coletivo ou na mente coletiva.
- Não há o menor sentido em abrigar sentimentos de pesar, ódio, sofrimento, hostilidade e depressão, porque eles darão origem a venenos espirituais que se irradiarão para o inconsciente coletivo, já profundamente contaminado. Não permita que ninguém manipule sua mente. Sua missão na vida é caminhar tendo consciência do amor de Deus, sabendo que, se mantiver os olhos Nele, nenhum mal surgirá na sua estrada.

CAPÍTULO 7
Aprendendo a dizer "sim" e "não" na vida

Existem duas palavras que estão entre as mais importantes deste mundo: "Sim" e "Não". Você tem obrigação de dizer "sim" a todas as ideias que curam, abençoam, inspiram e elevam, e de aceitar somente as verdades eternas e os valores espirituais da vida para incluí-las em sua personalidade.

Você tem de dizer "não" a todos os ensinamentos, ideias, pensamentos, credos e dogmas que inibem, restringem e instilam medo em sua mente, ou seja, não deve aceitar nenhum pensamento que não seja capaz de encher sua alma de alegria. Você precisa se conscientizar de que Deus é a vida infinita e que Ele é sua vida agora mesmo. Deus é amor ilimitado e Seu amor enche a sua alma. Deus é alegria e você está expressando a plenitude da alegria. Deus é sabedoria e seu intelecto está constantemente sendo ungido com a luz do Altíssimo. Deus é paz e você expressa cada vez mais a paz de Deus em seus pensamentos, atos e palavras.

À medida que for estabelecendo o hábito de se conscientizar dessas verdades, desenvolverá uma personalidade radiante e abrirá uma estrada para o bem chegar a você sob as mais variadas formas.

A Bíblia diz: "Cada vale será exaltado, cada monte e colina será arrasado; o torto será endireitado e o áspero aplainado." Quando você está no vale do desespero, da depressão e da melancolia, volte-se para a presença de Deus em seu interior e tome consciência de que condições externas não são capazes de causar

AUMENTE O PODER DO SEU SUBCONSCIENTE
PARA DESENVOLVER A AUTOCONFIANÇA E A AUTOESTIMA

acontecimentos. Tudo passa. Condições não criam condições. A causa de tudo o que acontece em sua vida são seus pensamentos e emoções. Eles representam sua atitude mental, seu sistema de crenças, além de estabelecerem seu destino. Condições e circunstâncias são apenas sugestivas e você tem o poder de rejeitá-las ou aceitá-las. Convença-se de que a infinita inteligência o direciona para o melhor caminho. Contemple o futuro como você gostaria que fosse, e a montanha (o problema) será removida e a colina (obstáculos ou dificuldades) será arrasada.

À medida que você vai afirmando que a lei e ordem divinas governam sua vida, o que é torto (os altos e baixos da vida, o vaivém da roda da fortuna) será endireitado e o áspero será aplainado. Então, passará a ter uma vida equilibrada, com crescimento, realizações e progresso; livre de desvios, doenças, acidentes e perdas, e tolos desperdícios de tempo, energia e esforço. Mantendo os olhos no poder de Deus e sintonizando-se com a infinita sabedoria em seu interior, através dos seus pensamentos e emoções, todas as barreiras, atrasos, empecilhos e dificuldades desaparecerão e o deserto de sua vida se transformará em um campo verdejante e perfumado pelas flores.

Diga "sim" a esta exortação bíblica, que considero uma das mais belas que existem: "Finalmente, irmãos, as coisas que são verdadeiras, as coisas que são honestas, as coisas que são puras, as coisas que são belas, as coisas que têm boa fama, se houver qualquer tipo de louvor ou virtude, é nelas que deveis pensar."

Faça dessa afirmação sua unidade de medida espiritual. Julgue todos os seus pensamentos, reações, sensações, crenças e convicções com base nessas verdades eternas. Qualquer coisa, quer se trate de um sermão do seu ministro protestante, padre, irmã ou rabino, qualquer coisa que não se conforma com esses valores espirituais,

APRENDENDO A DIZER "SIM" E "NÃO" NA VIDA

precisa ser totalmente rejeitada pela sua mente. Diga "sim" às ideias que curam, abençoam, inspiram, elevam e dignificam sua alma. Porém, preste atenção e diga "não", de maneira enfática e decidida, a pensamentos ou sugestões de medo, preocupação, rancor, má vontade, amargura ou hostilidade. Lembre-se de que tudo aquilo que você aceita em sua vida, ao que você diz "sim", se deposita no seu subconsciente e, mais cedo ou mais tarde, se concretiza sob a forma de experiências, condições e eventos.

Emerson, o maior pensador dos Estados Unidos, e um dos mais importantes filósofos do mundo, disse: "Pare de latir contra o mal. Cante a beleza do bem." Não é lindo? Tudo aquilo ao que você diz "não" de maneira incisiva e resoluta, desaparece da sua existência.

Há pouco tempo fui procurado por uma mulher que trabalha em um grande escritório. O expediente termina às dezessete horas, mas com uma irritante frequência seus colegas sempre vinham pedir-lhe favores, como: "Mary, tenho hora marcada com meu massagista. Será que você poderia terminar estas cartas para mim?" No outro dia, a consulta era com o dentista ou médico. Outros colegas afirmavam que precisavam sair mais cedo para buscar parentes no aeroporto ou visitar alguém num hospital. No início, ela mostrara boa vontade em ajudar os colegas, mas, com o passar do tempo, continuou aceitando, mas agora sentia um profundo desagrado com a situação. Mary precisava dizer "não" em sua vida. Depois que conversamos, ela se deu conta de que pessoas egoístas estavam se aproveitando do seu modo cordato de ser, não lhe davam seu devido valor e até caçoavam dela pelas costas. Mary decidiu marcar consultas com seu podólogo e dentista um pouco antes do fim do expediente e assim, quando os colegas vieram pedir novos favores, ela respondeu que não poderia ajudá-los por-

AUMENTE O PODER DO SEU SUBCONSCIENTE
PARA DESENVOLVER A AUTOCONFIANÇA E A AUTOESTIMA

que tinha seus próprios compromissos. Daí em diante, não deu a ninguém o poder de se aproveitar dela. É errado deixar os outros abusarem da sua boa vontade. Aprenda a dizer "não" a tudo o que é falso e tudo o que você sabe que é mentira.

Uma senhora me contou recentemente que três noites por semana cuidava do seu neto, ainda bebê, para que seu filho e nora pudessem sair e se divertir um pouco, embora isso significasse negligenciar seu marido e sua casa. Entretanto, os dois estavam chegando cada vez mais tarde, por volta da uma ou duas da madrugada, meio embriagados, e não demonstravam nenhuma gratidão sincera pela sua ajuda. Ela, porém, sentia obrigação de cuidar da criança. Eu lhe expliquei que era moral, ética e espiritualmente errado ela contribuir para o egocentrismo, a má-educação e maus modos do casal, mesmo se tratando do seu filho e do seu neto. Também a fiz ver que seu marido e sua casa deviam estar acima de tudo. Sugeri que na próxima vez que lhe pedissem para ficar com o bebê, deveria falar de maneira bem enfática: "Não. Arranjem uma babá e paguem pelo seu serviço." E foi o que ela fez. A partir desse dia, o casal foi mostrando cada vez mais respeito por ela e não mais abusou da sua boa vontade.

Um homem escreveu um livro e mandou o manuscrito para várias editoras de Nova York, esperando publicá-lo. Ele era sempre devolvido com um carimbo dizendo: "Sem interesse." Um dos editores fez inúmeras correções no manuscrito, misturando folhas e capítulos, o que o deixou profundamente irritado e rancoroso. Quando aprendeu o que estava fazendo consigo mesmo, começou a usar as leis da mente de maneira construtiva e passou a pensar: "Esse livro contém muitas informações úteis. Ele não apenas é bom, é muito bom. A infinita inteligência, o Deus dentro de mim, me revela a editora que vai apreciar seu conteúdo e concordará em publicá-lo dentro da divina ordem."

132

APRENDENDO A DIZER "SIM" E "NÃO" NA VIDA

Poucas semanas depois, o homem recebeu a notícia de que seu livro fora aceito para publicação. Quando alguém diz "não", como tantas pessoas disseram nesse caso, ninguém é obrigado a aceitar. Você pode rejeitar completamente a negativa, com a consciência de que a infinita inteligência, que está no âmago do seu ser, que é Deus, abre portas que nenhum outro tem capacidade de abrir.

Uma mulher me contou que brigara com sua irmã durante uma conversa telefônica e que, antes de bater o fone, a irmã a insultara, dizendo: "Você é uma cobra." Ela ficara profundamente irritada, entrara em um clima de tristeza e ressentimento, e agora estava "fervendo em fogo baixo", como me descreveu. Expliquei-lhe os fundamentos do funcionamento da sua mente e perguntei:

— Bem, sua irmã disse que você é uma cobra. Pergunte a você mesma: Eu sou uma cobra? Possuo as características e tendências de um animal? Se a resposta que encontrar for "não", por que ficar perturbada? Deixando-se levar pela raiva, você está entrando em sintonia com o pensamento da sua irmã e acabará enrolada em uma rede negativa e destrutiva. Quero que entenda que é possível manter-se separada e distanciada dos acontecimentos. Você pode se elevar acima de qualquer grosseria ou abuso, recusando-se a acreditar em qualquer coisa capaz de lhe causar mágoas. Para isso, você só precisa entrar no lugar secreto do Altíssimo. Sintonize-se com a infinita sabedoria e afirme corajosamente: "Estou identificada com a paz, harmonia e o amor de Deus, que agora fluem através de mim." E, principalmente, recuse-se a descer desse monte santo, dessa posição inexpugnável por qualquer pessoa deste mundo.

Percebendo que a mulher estava entendendo minhas explicações, prossegui:

— As palavras de sua irmã não têm poder sobre você e ela também não. O poder está nos movimentos dos seus próprios pensamentos e emoções. Tudo o que você deveria ter feito era abençoá-la e ir cuidar da sua própria vida.

Então, dei-lhe uma prece muito simples para repetir diariamente:

Eu perdoo completamente minha irmã e desejo para ela todas as bênçãos da vida. Sempre que penso nela, digo a mim mesma: "Deus esteja com você."

Depois de alguns dias, ela sentiu-se totalmente renovada. Lembre-se de que ninguém tem poder para nos magoar, além de nós mesmos. As afirmações e os atos dos outros não devem nos causar perturbação. Se um alimento é amargo, você não tem obrigação de comê-lo. Se alguém o xingar de burro, por exemplo, é fácil dizer: "Que a paz de Deus encha sua alma", e seguir em frente.

Peter Ouspensky, um dos grandes pensadores do início do século XX, costumava dizer aos seus alunos que se mostravam perturbados pelas palavras, fofocas ou atos de outra pessoas: "Existe verdade no que ele disse sobre você?" Se a resposta era "não", Ouspensky dizia: "Então, por que se perturbar? Identifique-se com sua meta." Qual é a sua meta? Ela deve ser identificar-se mental e emocionalmente com a harmonia, paz, sabedoria, compreensão, sucesso, ação correta e beleza. Nada mais simples.

Existe um velho ditado que diz: "Antes de destruir um homem, os deuses o fazem enlouquecer." Ora, se alguém é capaz de irritá-lo e magoá-lo, é porque tem poder sobre você. O problema é que sob a influência das emoções negativas você talvez venha a fazer ou dizer alguma tolice ou maldade que de fato não gostaria de fazer. Quando você entra no Lugar Secreto, o que significa que está sintonizado com o infinito, você é uma fortaleza que não poderá ser invadida, por mais que os outros tentem derrubá-la.

APRENDENDO A DIZER "SIM" E "NÃO" NA VIDA

Um rapaz, que estava aprendendo os fundamentos do Novo Pensamento com a intenção de se tornar ministro, contou-me que sua mãe estava inconformada com sua decisão e vivia fazendo cenas dramáticas, entrando em crises de choro silencioso e desmaios. "Você quer me matar do coração! Onde já se viu abandonar a religião dos seus pais, da família, a única verdadeira religião que existe? Você vai se arrepender. Vou cair morta a qualquer instante e você chorará lágrimas de sangue!" Ela tinha vários ataques desse tipo durante o dia.

Expliquei ao jovem que sua mãe queria impedi-lo de realizar o desejo que abrigava em seu coração. Sua intenção era fazê-lo sentir-se culpado e ingrato por não aceitar o que ela queria. Isso, obviamente, é chantagem emocional. Eu o instruí a recusar-se, terminantemente, a se dobrar diante das lágrimas e dos ataques, e que deveria apenas dizer "não". Ele seguiu meu conselho e, em outra ocasião, explicou à mãe uma verdade milenar: "A harmonia da parte é a harmonia do todo, pois o todo está na parte e a parte está no todo." Então, acrescentou:

— Mãe, esse novo modo de pensar que estou estudando me dá uma nova compreensão da vida, me dá uma sensação interior de paz, tranquilidade e serenidade que nunca senti antes. Você é testemunha da cura física que me aconteceu. Se prestou atenção, deve ter percebido que há muito tempo não tenho crises de enxaqueca. Se você me ama de verdade, deve querer o meu bem e ficar feliz porque encontrei paz e harmonia.

Amor não é posse, não é tentar fazer o outro se conformar aos seus desejos. Também é inútil tentar forçar o outro a acreditar no que você acredita e obrigá-lo a pensar como você pensa. O rapaz reafirmou:

AUMENTE O PODER DO SEU SUBCONSCIENTE
PARA DESENVOLVER A AUTOCONFIANÇA E A AUTOESTIMA

— Mãe, eu já tomei minha decisão e vou ser ministro do Novo Pensamento. Você precisa entender que, se eu encontrar paz e harmonia, você assim também viverá.

Depois de muitos meses a mãe escreveu-lhe uma linda carta, dizendo como estava grata e feliz por ele ter encontrado seu verdadeiro lugar na vida e desejando-lhe todas as bênçãos de Deus. Portanto, quando você defende uma posição que sente ser verdadeira, não mude seu modo de pensar para agradar outra pessoa, mesmo que ela seja um parente muito próximo. Apegue- se sempre aos princípios eternos. Não ceda. É impossível nos sujeitarmos a uma pessoa que no fundo é um pequeno Hitler, um ditador que só pensa em sua própria gratificação. A sujeição não tem nada a ver com a gratidão.

Um dos meus estudantes me contou que alugara um quarto numa casa de família, e a sua locatária logo começara a lhe falar sobre reencarnação, carma e vida após a morte. Vendo que não conseguia convencê-lo a aceitar sua filosofia, mostrava-se irritada e inconformada com sua atitude. Não perdia oportunidade para lhe dizer que ele devia ser muito burro para não entender que precisamos voltar muitas vezes a este mundo para expiar os crimes e pecados cometidos em outra vida. O jovem sempre dizia "não" a essas ideias, que em sua opinião eram falsidades, sempre falando com delicadeza, respondendo em várias ocasiões com afirmações como:

— Eu lhe dou completa liberdade para acreditar nessas ideias e fico contente em saber que sua crença lhe dá consolo e tranquilidade espiritual. Espero, contudo, que a senhora não queira impor essas crenças sobre mim, porque não vou aceitá-las, pois me causam profundo desagrado. Espero que me dê a mesma liberdade religiosa que lhe dou.

APRENDENDO A DIZER "SIM" E "NÃO" NA VIDA

Essa é a atitude adequada ao dizer "sim" para a verdade e "não" para o que consideramos ser falso.

Há alguns meses, recebi uma carta de uma mulher me chamando de enviado do mal, porque eu digo que não existe o demônio, nem o inferno; nem limbo, nem purgatório, e que o único inferno que existe é o que criamos em nossa mente, o que entendo como uma absoluta verdade.

A mulher encheu páginas com citações da Bíblia, tanto do Antigo quanto do Novo Testamentos, escolhendo todos os trechos relacionados com satã, diabo, devorador, inimigo etc. Lendo atentamente, como faço com todas as cartas que recebo, percebi que estava lidando com uma mente doentia. Apenas abençoei essa mulher e joguei a carta na lata do lixo. Como pode um pedaço de papel com letras escritas com tinta ter algum poder sobre mim?

Uma carta desse tipo só poderia ter poder sobre mim se eu lhe conferisse esse poder em minha mente. Em suma, o poder está na nossa reação ao acontecimento. Temos a liberdade de abençoar ou amaldiçoar. Abençoar é dizer "sim" para a vida e desejar aos outros tudo o que desejamos para nós mesmos, como harmonia, saúde, paz e todas as bênçãos da vida.

O juiz Thomas Troward foi um importante mestre do Direito na Índia e depois de se aposentar, dava palestras sobre a força do pensamento em diferentes países. Em uma dessas ocasiões, em Edimburgo, na Escócia, afirmou que o demônio não existia e que o único diabo era um conceito errado sobre Deus.

O diabo, como a maioria o considera, é Deus do avesso, um absurdo! Em nossa linguagem humana, ele é o conceito do Deus de Amor distorcido, mórbido e desviado. No fim da palestra, uma mulher da plateia perguntou:

— Sr. Troward, o senhor disse que o diabo não existe.

AUMENTE O PODER DO SEU SUBCONSCIENTE
PARA DESENVOLVER A AUTOCONFIANÇA E A AUTOESTIMA

— Sim. E para que a senhora quereria o diabo? Para se casar com ele?

— É óbvio que não!

— Gostaria de tê-lo como vizinho? — prosseguiu Troward.

— Não.

— Gostaria que ele fizesse parte da sua família?

— Não!

— Então, por que desejar que ele exista? — sorriu o juiz.

Precisamos rir de muitas coisas que nos acontecem ao longo do dia. Se você não ri de si próprio, no mínimo, seis a oito vezes por dia, jamais crescerá espiritualmente. Contam que um padre disse a um rabino:

— Sabe, rabino, às vezes penso que vejo o Cristo no senhor.

Ao que o rabino respondeu:

— O que lhe permite ver o Cristo em mim é o mesmo que me permite ver o judeu no senhor.

Precisamos nos convencer de que somos todos filhos de um só Pai. Temos um único progenitor, o princípio de vida. Deus é o princípio de vida que existe no âmago de nosso ser. Deus é vida. A Bíblia afirma: "Não temos todos um único Pai?" E também: "Vós, portanto, orais assim: 'Pai Nosso.'" Isso significa que somos todos intimamente relacionados, que somos todos irmãos e irmãs. Deus fez todos os homens e nações para habitarem a face da Terra. Diga "sim" à sua unidade com Deus que é o Espírito Vivo Todo-poderoso que existe em você. O Espírito não tem rosto, nem forma, não tem idade e é eterno. Portanto, diga "sim" à grande verdade: "Eu e meu Pai somos um." Diga "não" a tudo que queira negar essa afirmação. Diga "sim" à seguinte prece:

138

APRENDENDO A DIZER "SIM" E "NÃO" NA VIDA

Deus É e Sua presença flui através de mim como amor, paz, harmonia, alegria, beleza, sabedoria, luz, compreensão e segurança. Sou o ponto focal do divino. Todas as qualidades e atributos de Deus são expressas através de mim durante as vinte e quatro horas do dia e a cada momento de minha vida em que me torno mais parecido com meu Pai Eterno no meu modo de agir. Somos todos filhos de Deus. "Sois deuses e a escritura não pode ser quebrada."

Somos todos filhos do Altíssimo. Tome consciência de que a verdade e as maravilhas vão, de fato, acontecer em sua vida. Reiterando as grandes verdades, você desenvolverá uma maravilhosa personalidade, irradiará vibrações vivificantes e ficará envolto no esplendor da luz ilimitada. Uma mente espiritualizada significa paz e vida. Sempre que lhe ocorrer um pensamento de medo ou preocupação, ou quando pensa que não é capaz de fazer algo, sente-se, cale-se, acalme-se e contemple a soberania do Espírito. Conscientize-se de que o infinito está em seu interior, que Deus é amor sem limites, inteligência infinita, vida infinita, sabedoria infinita. Poder absoluto e harmonia absoluta. Nada, nem ninguém, pode se opor a essa presença divina ou desafiá-la.

Se você chamar por ela, será atendido. A infinita inteligência responde aos seus pensamentos, uma afirmação que atualmente é reconhecida como verdadeira por todos os cientistas. Essa ligação silenciosa traz um total relaxamento físico e mental. Quem entra nesse estado de relaxamento e contempla o que deseja ser, fazer ou possuir, terá seus desejos atendidos pelo Espírito, que está respondendo à sua fé e confiança na Sua presença.

Tenha sempre em mente esta grande verdade: "Nada dura para sempre. Tudo passa." Os pensadores científicos não conce-

AUMENTE O PODER DO SEU SUBCONSCIENTE
PARA DESENVOLVER A AUTOCONFIANÇA E A AUTOESTIMA

dem poder às coisas criadas porque sabem que o Criador é muito maior do que seu pensamento. A pessoa espiritualizada sabe que coisas materiais não constroem coisas materiais e que condições não criam condições. Você deve fazer uma aliança com o Espírito que habita no seu interior e dar-lhe toda a sua devoção. Quando seus pensamentos são os pensamentos de Deus, o poder de Deus está neles. Não transforme em deus qualquer coisa visível, seja uma pessoa, objeto ou lugar.

Existe um único Deus — não dois ou mais. "Eu sou o que Eu sou e não existe outro Deus além de mim." E, de fato, do crepúsculo até o ocaso de cada dia, não há mesmo outro Deus.

Se você fosse falar com um marinheiro experiente a bordo de um navio e lhe dissesse que ele está pálido, com os olhos fundos, porque, com certeza, está sofrendo de enjoo, receberia um olhar de surpresa e veria a expressão de alguém bem desconfiado. O marinheiro tem certeza de que é imune ao enjoo, e estar em um navio é parte da sua vida. Ele sabe que seu corpo aprendeu a aceitar o movimento das ondas e a sentir o ritmo das profundezas.

Conscientize-se de que ninguém neste mundo tem poder para perturbá-lo. Outras pessoas, condições e circunstâncias podem lhe sugerir certas coisas, mas não têm capacidade de criar o que sugerem. Tudo o que lhe acontece é resultante do movimento da sua mente e você tem a liberdade de escolher entre abençoar e amaldiçoar. Diga, "Que a paz de Deus encha a sua alma"; "Deus satura a sua alma"; "Deus está me guiando agora e sempre"; "Sou sempre orientado para a ação correta." Identifique-se sempre com sua meta e não deixe nada perturbá-lo, assustá-lo ou irritá-lo.

Você é o mestre da sua vida, o chefe de seu próprio reino subjetivo, dos seus pensamentos, das suas emoções e reações. Quando ouvir qualquer sugestão negativa, diga:

APRENDENDO A DIZER "SIM" E "NÃO" NA VIDA

O amor de Deus enche minha alma. Estou no esconderijo do Altíssimo. Deus é meu Pastor e nada de mal pode me acontecer. A bondade e a misericórdia me acompanham todos os dias de minha vida, pois habito eternamente na casa do Senhor.

Resumo do capítulo

- Você tem obrigação de dizer "sim" a todas as ideias que curam, abençoam, inspiram e elevam, e de aceitar somente as verdades eternas e os valores espirituais da vida, e tomar todas as medidas possíveis para introjetá-los em sua vida.
- Você deve dizer "não" a todos os ensinamentos, ideias, pensamentos, crenças religiosas e dogmas que inibem, restringem e instilam medo em sua mente.
- Amor não é posse. Amar não é tentar fazer o outro se conformar com seus desejos. Também não é tentar forçar os outros a acreditar no que você acredita ou fazer o que você faz.
- Mesmo que você tenha certeza de uma verdade, não tente impor esse conhecimento sobre outra pessoa. Mantenha-se firme nos princípios eternos. Jamais ceda na esperança de agradar alguém. Não é possível apaziguar uma pessoa que é um pequeno Hitler, um ditador no seu coração, porque essas criaturas esperam que todos aceitem seu modo de pensar. A submissão nunca é recebida com gratidão.
- Ninguém é capaz de amaldiçoá-lo ou ter qualquer tipo de poder sobre você. O único poder que outras pessoas podem ter sobre você é o poder que você lhes concede em sua mente. Você tem a liberdade de aceitar ou rejeitar, de abençoar ou amaldiçoar. Abençoar é dizer "sim" para a vida e desejar para

os outros tudo o que deseja para você mesmo: harmonia, saúde, paz e todas as coisas boas da vida.

- Somos todos filhos do Altíssimo. Conscientize-se de que, por isso, você tem o direito inato de ver maravilhas acontecendo em sua vida. Reiterando as grandes verdades, você desenvolverá uma excelente personalidade, irradiará boas vibrações e será envolvido pelo esplendor da luz eterna. Uma mente espiritualizada traz vida e paz. Sempre que sentir alguma sensação de medo ou preocupação, sente-se num lugar tranquilo, fique calado e imóvel e contemple a soberania do Espírito. Tenha em mente que o infinito está dentro de você, que Deus é amor ilimitado, inteligência infinita, vida infinita, sabedoria inesgotável, absoluto poder e absoluta harmonia. Nada tem poder para se opor a essa presença de Deus ou para desafiá-la.
- Jamais esqueça que você é o dono de sua alma, é o chefe do seu próprio reino subjetivo, dos seus pensamentos, sentimentos e reações. Você é o rei da sua mente subconsciente.

CAPÍTULO 8
Como lidar com a injustiça

D urante uma viagem que fiz ao Havaí, um executivo me disse:
— Não há justiça neste mundo. Estamos sempre nos deparando com a desigualdade. As grandes companhias são cruéis, não têm coração. Eu trabalho duro e não me importo em ficar no escritório depois do fim do expediente, mas pessoas que estão abaixo de mim são promovidas e eu fico na mesma. É uma enorme injustiça.

Reconheci que, de fato, existe muita injustiça no mundo e que, como disse o escritor Robert Burns: "A desumanidade do homem em relação ao homem faz milhares de pessoas chorarem", mas expliquei que a lei da mente subconsciente é impessoal e, predominantemente, justa em todas as ocasiões. Ela aceita a impressão feita pelos nossos pensamentos e reage de acordo com eles. Colhemos o que semeamos. Quem planta rosas, colhe rosas. Além disso, as sementes geram plantas da sua própria espécie. Nossos pensamentos são como sementes e somos o que pensamos o dia inteiro. Atraímos o que sentimos e nos tornamos o que imaginamos. Essa é a lei da mente e ela é absolutamente justa. Afinal, não se pode pensar no mal e esperar o bem.

Expliquei a esse homem que eram seus pensamentos, sentimentos e visualizações internas que determinavam o caminho que ele seguia. Em outras palavras, era a atitude interna que operava no

AUMENTE O PODER DO SEU SUBCONSCIENTE
PARA DESENVOLVER A AUTOCONFIANÇA E A AUTOESTIMA

seu interior, e não os ventos de pensamentos negativos e as ondas de medo que o impediam de navegar suavemente pela vida. A lei do subconsciente é totalmente justa e matematicamente exata. As experiências são uma reprodução perfeita do modo habitual de pensar e imaginar. Era seu modo de pensar que estava causando a diferença entre promoção e sucesso, fracasso e perda. Fiz ao jovem executivo um resumo da conhecida parábola dos trabalhadores da vinha, que conta que os que chegaram primeiro ganharam uma moeda. Porém, os que chegaram para trabalhar na última hora do dia também ganharam uma moeda. Qual fosse a hora em que haviam começado a trabalhar, no fim todos receberam o mesmo pagamento. Quando os primeiros reclamaram, com raiva e inveja, o dono da vinha os fez lembrar que no começo haviam aceitado ganhar uma moeda.

— Você está com raiva da organização onde trabalha e vive criticando-a e condenando-a. Essas contínuas sugestões negativas penetram na sua mente subconsciente e terminaram resultando em perda de promoções, estabilização do salário e pouco prestígio. Somos nós que nos promovemos, que aumentamos nosso salário. Suas crenças, sejam boas ou más, criam uma impressão no seu subconsciente, e ele reage concretizando essas crenças como forma, função, experiência e eventos em nossa vida.

Eu lhe dei a seguinte fórmula espiritual para meditar diariamente:

> Sei que as leis da minha mente são absolutamente justas e que tudo o que gravo no meu subconsciente é reproduzido com precisão matemática no meu mundo físico e nas circunstâncias de minha vida. Sei que estou usando um princípio da mente e um princípio é algo absolutamente impessoal. Sou igual a

COMO LIDAR COM A INJUSTIÇA

qualquer ser humano diante das leis da mente, o que significa que são minhas crenças que determinam meu destino. A lei da vida é a lei da crença.

Lembrei-lhe de que acreditar é aceitar alguma coisa como verdade. Milhões de pessoas acreditam em mentiras e aquilo em que creem se torna realidade. Dei-lhe uma explicação bem pormenorizada e pedi que meditasse sobre essas palavras:

Sei que justiça significa igualdade e imparcialidade, e sei que meu subconsciente é absolutamente impessoal e imparcial. Percebo agora que me deixei levar pela raiva, ressentimentos e inveja, e que também menosprezei a mim mesmo e, em muitas ocasiões, eu me critiquei e condenei. Agora sei que a lei é: 'Como é no interior é no exterior.' Portanto, meu chefe e meus colegas estão confirmando de maneira objetiva o que pensei subjetivamente. Tudo o que aceito como verdade em minha mente surge na minha experiência de vida, independentemente das condições, circunstâncias ou outros poderes. Desejo sucesso, prosperidade e promoções a todos os meus colegas e irradio boa vontade e bênçãos para todos que entram em contato comigo. A promoção é minha, o sucesso é meu, a ação correta é minha, a riqueza é minha. À medida que vou afirmando essas verdades, sei que estão sendo depositadas na minha mente subconsciente, que é o centro da criatividade, e maravilhas acontecerão em minha vida. Todas as noites, antes de adormecer, imagino minha esposa me cumprimentando pela excelente promoção que recebi. Sinto a realidade da cena em minha mente e meu coração. Estou quase adormecido, em um estado de espírito passivo e receptivo, mas escuto nitidamente suas palavras alegres, sinto seu abraço e vejo o

AUMENTE O PODER DO SEU SUBCONSCIENTE
PARA DESENVOLVER A AUTOCONFIANÇA E A AUTOESTIMA

sorriso no seu rosto. Faço um filme mental reunindo essas cenas e ele é nítido e realista. Adormeço com esse estado de espírito, sabendo que Deus atende aos desejos dos Seus filhos mesmo enquanto estão dormindo.

O executivo descobriu que as leis da sua mente estabeleciam a justiça, que é a conformidade com sua mente. Tendo entronizado em sua mente racional os pensamentos, as imagens e emoções certas, seu subconsciente respondeu de acordo, o que é muito simples. Essa é a equidade da mente. As leis da mente são as mesmas ontem, hoje e para sempre. Você não é capaz de mudá-las, ninguém é capaz de mudá-las.

Depois de alguns meses de exercícios de meditação, o executivo foi promovido a diretor de um departamento e está prosperando muito além do que imaginava ser possível.

Há alguns anos, tive várias conversas interessantes com uma mulher canadense. Ela me contou que dá ao dinheiro e à riqueza tanto valor como dá ao ar que respira. Desde criança adquirira o hábito de afirmar: "Eu sou rica. Eu sou filha de Deus. Deus me dá tudo o que é bom para eu aproveitar."

Essa era sua prece diária. Com o passar do tempo, acumulara milhões de dólares e fizera grandes doações a escolas e universidades, criara bolsas de estudos para crianças merecedoras e fundara muitos hospitais e escolas de enfermagens em regiões remotas do globo. Ela encontra alegria em doar fundos de maneira prudente, judiciosa e construtiva, e, a cada ano que passa, fica mais rica.

Uma das mais importantes leis da mente é: "Você se transforma em tudo ao qual liga as palavras EU SOU." Por exemplo, se você diz: "Eu sou um fracasso, eu sou um errado, eu sou doente, eu sou velho e acabado, eu sou um inútil", tudo isso se transforma

COMO LIDAR COM A INJUSTIÇA

em realidade. Portanto, habitue-se a dizer: "Eu sou forte, eu sou poderoso, eu sou digno de amor e afeto, eu sou generoso, eu sou bondoso, eu sou iluminado, eu sou imensamente rico, estou fazendo o que adoro fazer, eu sou divinamente feliz e divinamente próspero." Por isso, é melhor você prestar atenção no que está dizendo quando fala com os outros.

A mulher milionária me disse um dia:

— Sabe, o antigo aforismo: "Os ricos ficam mais ricos e os pobres mais pobres" é uma absoluta verdade. Para as pessoas que vivem na consciência da riqueza e abundância, a riqueza flui para elas por causa da lei da atração cósmica. Os que esperam pobreza, privações e carências de todos os tipos estão vivendo na percepção da pobreza e, pelas leis da mente, atraem mais carência, miséria e privações.

O que ela disse é a pura verdade. Muitas pessoas que vivem com dificuldade têm raiva e inveja da riqueza dos outros e essa atitude mental resulta em cada vez mais pobreza, limitações e carência em sua vida. Provavelmente, elas nem têm conhecimento de que estão obstruindo sua própria vida e teriam fortunas para distribuir se aceitassem o ensinamento de que elas também, como filhas e filhos de Deus, possuem a chave que abre a Casa do Tesouro do Todo-poderoso.

Um amigo meu que estava vivendo no norte do Alasca, uma vez me escreveu dizendo que sua vida era insuportável e acreditava que havia cometido um erro trágico ao ir para esse estado longínquo em busca de fortuna. Seu casamento tinha resultado em um completo fracasso, o custo de vida era exorbitante e a corrupção corria solta. No processo de divórcio, fora vítima de um juiz venal, que fora "comprado" pela família da sua mulher, e saíra totalmente prejudicado em termos financeiros. Concluindo sua carta, escreveu: "Não existe justiça neste mundo." (A velha, muito velha história.)

Tenho de reconhecer que ele disse muitas verdades. Basta lermos as manchetes dos grandes jornais para vermos notícias de assassinatos, roubos, assaltos, estupros, malversação de fundos públicos, corrupção no governo federal, acusações sobre juízes e advogados venais, e incompetência das câmaras legislativas do mundo inteiro. Entretanto, temos de lembrar que todos esses atos são cometidos pelos seres humanos e nada nos impede de nos separarmos deles. Há injustiça no mundo? É óbvio que sim! Basta prestarmos atenção nos noticiários de televisão. Quantas vezes já vimos reportagens sobre a libertação de um assassino ou estuprador por falta de provas ou indultos mal aplicados, e pouco tempo depois ficamos sabendo que ele voltou a cometer o mesmo crime? É óbvio que isso não devia ser permitido. Uma injustiça, concorda?

Você pode se elevar acima da mente das massas, das crueldades e cobiça humanas alinhando-se com o princípio da ação correta e absoluta justiça que existe no seu interior. Estabeleça justiça em sua própria mente. Não perca tempo procurando-a no mundo, porque jamais irá encontrá-la. Deus é a absoluta justiça, a absoluta harmonia, a bem-aventurança, o amor incondicional, a alegria plena, a ordem absoluta, a indescritível beleza, a sabedoria absoluta e o poder supremo, e é o Espírito que habita o âmago do seu ser. Deus é o princípio vital e, por isso, não é preciso procurar por Ele. Deus é onipresente e, se é onipresente, tem de estar em você. É óbvio. Todas as qualidades, os atributos e potenciais do infinito estão no seu interior. Quando medita sobre essas qualidades e contempla as verdades do infinito, você se eleva acima da injustiça e crueldades do mundo, e constrói uma convicção inabalável para enfrentar todas as falsas crenças e

COMO LIDAR COM A INJUSTIÇA

conceitos errôneos. Em outras palavras, você cria uma imunidade divina, um anticorpo para se proteger da mente das massas, que é a soma dos pensamentos de mais de seis bilhões de pessoas que vivem neste mundo. E, como seria de se esperar, nem todos esses pensamentos são belos, nobres e dignos.

Essa explicação foi um prelúdio para eu apresentar a resposta que dei à carta do meu amigo. Eu o aconselhei a ficar onde estava e afirmei que tinha a desconfiança de que ele estava tentando fugir das suas responsabilidades e me escrevera à procura de um motivo para abandonar tudo o que construíra até então.

Enviei-lhe uma pequena prece, que deveria repetir da maneira que já conhecia.

Onde estou, Deus está. Deus vive dentro de mim e tem necessidade de mim onde estou. Se não fosse assim, eu não estaria aqui. A divina presença dentro de mim é a infinita inteligência, e tudo sabe, tudo vê. Deus é eterno, onipotente, onisciente e tudo renova. Ele é o princípio vital que anima meu ser e me revela qual é o primeiro passo que devo dar para que a porta dos tesouros do mundo se abra para mim. Dou graças pela resposta que está vindo espontaneamente ao meu pensamento sob a forma de uma intuição ou ideia produtiva.

Esse amigo seguiu meu conselho e sua vida mudou. Reconciliou-se com a esposa e teve a ideia de comprar uma máquina fotográfica profissional para retratar os encantadores panoramas do Alasca e norte do Canadá. Vendeu as fotos para grandes revistas acompanhadas de pequenos artigos, e, pouco tempo depois, começou a escrever contos e livros sobre as pessoas e acontecimentos daquela pitoresca região. Como me escreveu posteriormente,

AUMENTE O PODER DO SEU SUBCONSCIENTE
PARA DESENVOLVER A AUTOCONFIANÇA E A AUTOESTIMA

conseguira juntar o que considerava ser uma pequena fortuna. Meu amigo descobriu que seu sucesso se encontrava exatamente onde ele estava.

Tive a oportunidade de conversar com um professor universitário que estava muito irritado pelo fato de seu irmão, caminhoneiro de profissão, estar ganhando US$75 mil por ano, mais benefícios, enquanto ele só recebia US$55 mil por ano como pesquisador.

— Este mundo é mesmo injusto, temos de fazer alguma coisa para mudar o sistema. Estudei com afinco e trabalhei duro por seis anos para conseguir meu ph.D., agora estou envolvido na pesquisa do câncer. Meu irmão nem completou o ensino médio!

Esse tipo de queixa é comum no mundo inteiro. O professor era brilhante em seu campo de atuação, mas não sabia nada sobre as leis da mente. Eu lhe contei que uma garçonete que trabalha no meu restaurante preferido ganha mais de 800 dólares por semana apenas em gorjetas, indicando-lhe que disparidades de ganho são encontradas em todas as áreas. Expliquei-lhe que precisaria se elevar acima da mente das massas, que também é chamada de a mente da raça ou lei das médias, que é a mente que recebe informações dos cinco sentidos e pensa a partir do ponto de vista de circunstâncias, condições e tradições.

Seguindo meus conselhos, o professor começou a praticar o tratamento do espelho todas as manhãs. Você também pode usar esse método, que faz maravilhas acontecerem e vem sendo utilizado há séculos. É uma meditação muito simples, que consiste em ficar diante do espelho e afirmar: "A riqueza é minha. O sucesso é meu. A promoção é minha, agora."

Você já tentou fazer isso? Logo depois de acordar, enquanto lava o rosto, escova os dentes e faz todos os rituais diários diante do espelho, olhe nos seus próprios olhos e repita as três afirmações. Sei

COMO LIDAR COM A INJUSTIÇA

que você quer ser promovido, quer progredir porque é o princípio vital que o impele a se movimentar para a frente e para cima, pois vida é crescimento, é expansão, é desenvolvimento. Tenho absoluta certeza de que há em seu interior talentos escondidos dos quais você nem desconfia.

O professor seguiu minhas instruções e repetia a prece por cerca de cinco minutos todas as manhãs, sabendo que essas ideias seriam gravadas no seu subconsciente. Portanto, tinha consciência do que estava fazendo e por que estava fazendo. Entendeu bem que era um jardineiro plantando sementes em solo fértil e que as sementes geram plantas da sua mesma espécie.

Pouco a pouco sua vida começou a mudar. Alguns meses depois, ele recebeu uma oferta para trabalhar em outra universidade, ganhando um salário muito maior. Pessoas que começaram a ler seus relatórios o elogiaram pela facilidade de transmitir conhecimento, e ele acabou sendo contratado por uma grande editora para escrever livros de divulgação científica, o que resultou em um importante acréscimo em sua renda. Descobriu que não era uma vítima do sistema ou do plano de salário e carreira da universidade onde trabalhara anteriormente. Entendeu que somos o que pensamos.

Uma secretária de uma firma de advocacia queixou-se:

— Nada parece dar certo para mim. Meu chefe e as outras mulheres do escritório são mesquinhos e até cruéis comigo. Em casa, sempre fui maltratada. Minha família nunca me olhou com bons olhos. Acho que nasci azarada. Parece que ninguém gosta de mim. Eu devia me jogar embaixo de um carro.

Expliquei-lhe que estava sendo cruel consigo mesma e que sua autopiedade e autoflagelação eram uma resposta ao seu modo errado de pensar.

AUMENTE O PODER DO SEU SUBCONSCIENTE
PARA DESENVOLVER A AUTOCONFIANÇA E A AUTOESTIMA

Como já disse anteriormente, quem é mau consigo mesmo está sempre se deparando com pessoas más, mesmo que viaje para o outro lado do mundo. Se alguém se considera um verme, será pisado por todos que o cercam. Em outras palavras, as atitudes e os atos das pessoas com que convivemos são testemunhas do que existe em nosso interior.

A moça parou imediatamente de se castigar e aprendeu que a fé sem obras é uma fé morta. O que é a fé? É a substância das coisas esperadas, a certeza de coisas ainda não vistas. Fé é uma atitude da mente, um modo de pensar. Um lavrador tem fé nas leis da agricultura, um químico tem fé nos princípios e nas leis da química e um matemático tem fé nos princípios matemáticos. Ter fé numa religião, dogma ou pessoa é bobagem. Devemos ter fé na imagem mental que, com o tempo, será concretizada. Fé no sentido de que qualquer ideia que for envolta pela emoção e percebida como verdade é gravada no subconsciente, e o que é gravado é expresso como verdadeiro na tela do espaço. Essa deve ser a fé nas leis da mente e no modo de agir do Espírito infinito. É a natureza nos respondendo. Se você pede pão ao Espírito, Ele não lhe dá uma pedra. Se você pede peixe, Ele não lhe dá uma serpente. Ele traz a encarnação do seu ideal. Quando nos convencemos dessa verdade, temos fé.

A secretária, seguindo minha sugestão, imaginou-se sendo cumprimentada pelo seu chefe pela sua eficiência no trabalho e anunciando um bom aumento de salário para ela. Passou a irradiar amor e boa vontade para seu chefe e todos seus colegas. Depois de sustentar sua imagem mental muitas vezes por dia ao longo de algumas semanas, a moça ficou estupefata quando seu patrão não apenas cumprimentou-a pela sua eficiência, como a promoveu para um cargo na gerência. Em poucas horas de mentalização,

COMO LIDAR COM A INJUSTIÇA

ela acabou convencendo-se das maravilhas geradas pela sua mente mais profunda e encontrou a chave da casa do tesouro do infinito. Os resultados das preces e quadros mentais podem demorar cinco minutos, uma hora, uma semana ou mais, dependendo apenas do grau de aceitação da sua mente, porque tudo o que pedimos já está pronto dentro dela.

Milhões de pessoas sofrem por causa da injustiça no mundo inteiro e todos os noticiários mostram perseguições e até genocídios cometidos em nome de ideias absurdas. A cobiça e ânsia de poder dos ditadores podem resultar em crueldade para centenas de milhares de indivíduos. Esses acontecimentos são chocantes, mas sempre existiram. Os imitadores de Nero; Ivã, o terrível; Hitler; Stalin; e Ghengis Khan continuam em atividade no mundo inteiro. Em escala muito menor, vivenciamos crueldades e injustiças em lares, fábricas, penitenciárias etc.

Na década de 1960, quando eu dava uma palestra numa igreja de Nova York, uma advogada veio falar comigo e contou que trabalhava numa grande empresa e recebia US$13 mil por ano, o que na época era um ótimo salário. Entretanto, sua irmã, que trabalhava em um clube noturno como garçonete da Playboy, fora contratada por US$350 por semana, sem contar as gorjetas. A advogada não se conformava com essa diferença. Sua irmã se formara no ensino médio aos trancos e barrancos, porque nunca fora aplicada nos estudos. Além disso, não tinha nenhuma experiência profissional, porque nunca trabalhara antes de arranjar esse emprego. Obviamente não há nada errado em ser garçonete, e muita gente vive disso, mas para a advogada, que se esforçara muito para conseguir o diploma e fora estagiária em muitas firmas antes de atingir o nível de experiência exigido na sua profissão, via a situação como uma grande injustiça da vida.

153

AUMENTE O PODER DO SEU SUBCONSCIENTE
PARA DESENVOLVER A AUTOCONFIANÇA E A AUTOESTIMA

A justiça está na mente. Para receber justiça, você tem de conhecer bem as leis espirituais e mentais, colocando-se em posição de exigi-la, o que significa equilibrar os desequilíbrios. Na arte, a justiça é representada por uma deusa que segura uma balança. Seus olhos estão vendados para demonstrar que ela é imparcial. A justiça é a conformidade com a verdade, tendo como base a correção — pensamento correto, emoções corretas, ações corretas — fundamentada na Regra de Ouro ou lei do amor.

Milhões de pessoas deste mundo têm fome de paz, harmonia, saúde, abundância, segurança e amor. Para elas ingressarem no lugar onde encontrarão todas essas qualidades, precisarão entrar em sintonia com o infinito e clamar: "O Espírito infinito flui dentro de mim como amor, paz, força, orientação, harmonia, beleza e inspiração." Esse é o pão da vida, invisível e intangível, mas o verdadeiro alimento da alma; o pão da paz da harmonia, da beleza, ação correta, força e coragem. Como se pode viver sem inspiração, sem amor, sem orientação espiritual, sem paz interior?

Um ditado extremamente antigo diz: "Um coração alegre é tão bom como um remédio; o espírito abatido seca os ossos."

Quando se lê o Pai Nosso, na Bíblia (Mt 6, 9-12), encontramos: "O pão nosso de cada dia nos dai hoje", mas todos os estudiosos afirmam que é uma tradução duvidosa de palavras de difícil entendimento. O que a oração realmente diz é: "Dê-nos o que é nosso, o que nos sustenta." Deus é o doador e a dádiva. Deus é o Espírito Vivo no âmago do seu ser. A dádiva foi concedida e agora temos de aprender a ser receptores, pois todas as coisas já estão prontas na mente subconsciente e cabe a nós trazê-las para a realidade.

Alguém precisa rezar pedindo ar para respirar? Encha seus pulmões com todo o ar que quiser, na hora em que quiser. Ele sempre esteve aqui, aliás, já estava aqui muito antes de qualquer

COMO LIDAR COM A INJUSTIÇA

ser humano nascer. Os cientistas nos dizem que as frutas que apodrecem nas matas tropicais seriam suficientes para alimentar toda a humanidade. A natureza é pródiga, abundante, extravagante até. Ela é inesgotável, como são inesgotáveis as fontes de energia do planeta. Mais cedo ou mais tarde aprenderemos, por exemplo, a obter toda a energia que precisamos a partir do hidrogênio da água. Não existe falta de água como tantos afirmam atualmente. Sempre houve a mesma quantidade de água no universo.

Você está lidando com o infinito, e Espírito e matéria são uma só coisa. A matéria é o grau mais baixo do Espírito e o Espírito é o grau mais alto da matéria. O mesmo Espírito infinito que nos criou e habita em nosso interior fez o universo, as estrelas e galáxias, e todas as leis da natureza. A qualquer momento podemos ter novas ideias sobre energia e aproveitamento da água. Podemos ter uma ideia que nos trará uma fortuna ou que dará emprego a milhares de pessoas. Podemos fazer coisas maravilhosas, porque o infinito dentro de nós está pronto para nos entregar todas as maravilhas que Ele criou.

Você tem de persistir no que é correto: o pensamento correto, a emoção correta, a ação correta, e nas grandes leis da vida. Precisa persistir em agir com base no que é belo, nobre e semelhante ao que é divino. Persevere e todas as coisas, tudo o que há de bom será seu.

Qualquer lei deste planeta é neutra e impessoal e isso vale também para as leis que regem o seu subconsciente. Tudo o que você grava nele concretiza-se na tela do espaço. A moralidade depende do modo como a lei é usada. Assassinos cruéis podem plantar sementes de margaridas e colherão margaridas, também podem pilotar um avião se conhecerem as leis da navegação aérea. A lei vale tanto para o santo como para o pecador. É por causa dessa lei que nunca devemos nos aproveitar dos outros ou feri-los de qualquer maneira, porque tudo o que pensamos sobre os outros foi formado primeiro dentro de nós. Jamais esqueça que você é o pensador e que está criando seus pensamentos dentro da sua mente e do seu corpo.

Nem sempre encontramos justiça no mundo, e só um tolo imaginaria diferente. Porém, no reino do céu existe justiça e o reino do céu está dentro de você. O céu é a sua mente quando está em paz e você tem soberania sobre seus pensamentos, sentimentos, ações e reações. Você é o rei da sua própria mente.

Você vivenciará a exata manifestação das suas crenças e convicções interiores. Como é no interior, é no exterior. Assim na terra (seu corpo, ambiente, condições, posição na sociedade, sua vida financeira, tudo o que lhe pertence), como no céu (sua mente). Tudo o que lhe acontece é uma representação exata do seu estado de espírito. O que está dentro se equilibra com o que está fora. Como é no interior, é no exterior.

Existe uma solução divina e harmoniosa para cada problema e ela emana da sabedoria do Todo-poderoso. Apegue-se a essa verdade. Quando chegar o medo, afirme: "Deus está agindo", e você se sentirá envolvido em paz e harmonia, porque ele é o Espírito vivo Todo-poderoso. Ele não tem rosto, forma ou figura, os cientistas o chamam de energia.

"Energia" é a palavra que os cientistas usam para designar o Espírito Vivo. Ele se move como uma unidade, se move como harmonia e Nele não existem conflitos ou divisões. Nada é capaz de se opor ao infinito, que não pode ser dividido ou multiplicado. Existe apenas um único poder, não dois ou milhares, mas apenas um. O único poder se movimenta como uma unidade, como harmonia pura. Nada é capaz de se opor à onipotência.

COMO LIDAR COM A INJUSTIÇA

Assim, quando você afirma: "Deus está agindo", tudo à sua volta é paz e harmonia. Apegue-se a essa verdade e as sombras se afastarão para dar espaço para a luz.

Insista sempre em agir de forma correta e dentro da harmonia, não faça nada que possa contribuir para aumentar a cobiça ou neurose de outras pessoas. Insista em ter a divina lei e divina ordem em sua vida. Insista em pedir a Deus que lhe dê todas as bênçãos espirituais e materiais, porque Ele tem tudo em abundância e dá ricamente para seus filhos.

Portanto, dê grande atenção aos valores espirituais. Invista neles com toda a intensidade e emoção. Estou me recordando agora do que aconteceu com a droga chamada "Laetrile", extraída do caroço de pêssego, que foi usada por muitas pessoas com câncer. Como o governo dos Estados Unidos proibia seu uso no país, os doentes iam ao México para poder usá-la. A grande maioria dos médicos decretava a futura morte do paciente canceroso, afirmando que não tinham mais o que oferecer. Então, se essas mesmas pessoas acreditavam que o "Laetrile" podia salvá-las, por que não lhe davam o direito de experimentá-lo? Injustiças e iniquidades desse tipo são encontradas em todos os países e, de fato, estão dizendo: "Você vai morrer, mas tem de morrer do jeito que queremos."

Conheço várias pessoas que afirmaram ter sido totalmente curadas com o "Laetrile", mas, como sabemos, se existe a crença (mesmo que o objeto da fé seja falso ou verdadeiro), há resultado, por isso a cura faz sentido para mim. O problema principal no caso dessa droga era a liberdade. De acordo com os cientistas, o "Laetrile" era inócuo, mas por que não dar aos doentes o direito de comprá-lo?

Exalte Deus no meio de nós, que é todo-poderoso para curar. Somos filhos e filhas do Deus Vivo, portanto, tenha consciência de

AUMENTE O PODER DO SEU SUBCONSCIENTE
PARA DESENVOLVER A AUTOCONFIANÇA E A AUTOESTIMA

sua dignidade como herdeiro das bênçãos de Deus. A lei da mente é lógica e justa: colhemos o que plantamos. A infinita inteligência nos revela ideias curadoras, que abençoam a humanidade. Por que, então, proibir alguém desejoso de testar uma dessas ideias de realizar seu objetivo?

Muitos habitantes dos Estados Unidos vieram de outros países ou são descendentes de imigrantes que chegaram com a roupa do corpo para tentar uma vida nova. Essas pessoas se esforçaram para aprender a língua, estudaram e tiveram ideias. Atualmente, muitas delas dão emprego para milhares de trabalhadores. Elas subiram na escada da vida e tinham algo para dar. A lei sempre traz o equilíbrio, ela é imutável.

Um homem me procurou em Los Angeles e me contou que estava a ponto de perder sua casa, porque há muito tempo estava atrasando as prestações. Ele me explicou em detalhes seus problemas financeiros e queixou-se amargamente dos bancos e dos parentes que não se mostravam dispostos a ajudá-lo. Repetiu constantemente que acabaria na rua. Ele só falava de perda, carência, limitações e não se interessou pela instrução que lhe dei para mudar de atitude. Naturalmente, acabou mesmo perdendo a sua casa. Existe sempre equilíbrio entre o interno e o externo. É impossível pensar em fracasso, perda e limitações e esperar prosperidade e sucesso. Nesse caso, a lei não seria justa.

A lei da mente é absolutamente justa, o interior governa o exterior. O que mais tememos acaba acontecendo em nossa vida, porque passamos muito tempo pensando nesse possível problema. "O que pedirdes, crendo, recebereis... Ao que tem, muito será dado." Sim, aquele que tem percepção de riqueza acredita em um Deus de abundância. Diga sempre: "Deus é a fonte de tudo o que preciso. Todas as minhas necessidades são atendidas a cada momento do tempo e ponto do espaço." Pessoas que acalentam pensamentos como esses atraem riqueza de todos os tipos, tanto no campo espiritual como no mental e material, porque têm consciência da abundância de Deus. Elas recebem a riqueza com naturalidade, a mesma com que recebem o ar que respiram.

Bem-aventurados os pobres de espírito. Sim, os simples são abertos e receptivos. É impossível ensinar algo a alguém que tem a mente fechada, assim como é impossível encher um copo que já está cheio. Muitas pessoas são extremamente convencidas da sua sabedoria e se fecham a novos ensinamentos. Dizem ou insinuam algo como: "Eu já sei tudo. Você não tem nada para me ensinar", muitas vezes com um ar de profundo desprezo. Acreditam que você é um tolo ou ignorante porque não segue a religião que professam ou não acredita no que elas acreditam.

A religião é algo que se tem no coração, e não nos lábios. Milhões de pessoas estão atadas às suas religiões pelo medo, porque não sabem que o que se manifesta em nossa vida é o que acreditamos em nosso íntimo, e não o que dizemos com nossos lábios. Deveríamos todos estar atados a um Deus de amor; essa teria de ser nossa verdadeira religião. Acreditarmos em um Deus de amor vivendo em nosso coração, nos orientando e dirigindo, sendo nosso patrão, chefe, guia, nosso solucionador de problemas, nosso ajustador. Assim, todos os caminhos seriam estradas agradáveis e pacíficas, sem trevas nem obstáculos.

Você sabe que a religião de milhões de pessoas do mundo é a pura ignorância? Há milhares de anos, Buda disse que o único pecado é a ignorância e que toda miséria e sofrimento no mundo é consequência desse pecado. Imagine a ignorância governando sua mente. Não seria assustador? Entretanto, sobretudo sob a forma de superstição, ela governa a mente de milhões de pessoas.

Então, deveríamos cuidar de criaturas ignorantes desde o berço até o túmulo? Não, porque isso seria castrá-las psicologicamente, impedi-las de progredir na vida, de descobrirem quem realmente são, roubar delas a sua divindade. O certo seria ensinar-lhes as imutáveis leis da mente, entender os seus erros e ajudá-las a superá-los. Essas pessoas são filhas do Deus vivo e herdeiras de tudo o que existe neste mundo. Não é certo privá-las do seu direito natural, que adquiriram ao chegar a este mundo. Estamos neste mundo para nos autodescobrir, e isso significa cometer uma enorme quantidade de erros. Quando você entrou na escola lhe deram lápis e borracha, porque sabiam que iria cometer erros até aprender a escrever, somar, subtrair e dividir. No que se trata dos relacionamentos humanos, você também cometerá erros e, igualmente, aprenderá com eles.

"Conheça a verdade e a verdade o libertará." Quantas vezes já ouvimos isso? E o que é a verdade? Eu sou é a verdade. Eu sou significa vida e percepção. É um nome sem nome. Quando você diz Eu sou, está anunciando a presença do Deus vivo no seu coração. Na Índia, o chamam de Om, que também é vida e percepção.

Uma mulher reclamou que estava orando havia bastante tempo, desejando uma promoção no emprego e progresso na carreira, mas nada acontecia.

— Tenho certeza de que é minha supervisora que está criando obstáculos. Ela é implicante e nunca simpatizou comigo.

Eu lhe expliquei que estava sendo injusta consigo mesma ao colocar essa supervisora num pedestal, dando-lhe um poder maior do que o do infinito. O desejo por promoção, expansão e progresso vinha do princípio vital que habitava seu ser, e Ele faria cumprir a divina lei e a divina ordem, dando-lhe tudo o que sonhava conseguir. Seria um total absurdo acreditar que alguém poderia se opor ao que era decretado por Deus.

COMO LIDAR COM A INJUSTIÇA

A mulher concordou comigo e percebeu o que estava fazendo de errado. Começou, então, a afirmar: "A promoção é minha; o progresso é meu e virá de acordo com a divina lei e divina ordem por meio do poder do infinito." Ela estabeleceu a equivalência entre o mental e o físico.

Se você quer prosperar e ser bem-sucedido nos seus empreendimentos, precisa estabelecer uma equivalência entre o mental e o físico. Somos incentivados a ter sabedoria, o que significa ter consciência da presença e do poder de Deus em nosso interior. Você está a caminho de ser um verdadeiro sábio quando aprende que cada pensamento é criativo, é um ato em potencial. "E a palavra se fez carne." A palavra, por sua vez, é um pensamento transmitido pela fala. É melhor você ter um respeito saudável e reverente pelos seus pensamentos para não colher maus frutos.

O que você sente, você atrai; e o que imagina será concretizado. Nada o impede de se considerar um fracasso, um vagabundo sem casa e sem futuro, mas, se ficar insistindo nesse pensamento, com certeza acabará se transformando em um vagabundo. Você pode igualmente imaginar que é um ator famoso, vendo-se diante de uma plateia, causando lágrimas e risos, percebendo que em seu interior existe o poder de trazer a beleza das peças teatrais de Shakespeare, por exemplo, para enriquecer o intelecto dos que o assistem.

Os cientistas nos contam que existe uma música no funcionamento do universo, uma enorme densidade de frequências e intensidades. Nós mesmos somos energia condensada e emitimos diferentes vibrações. O mundo inteiro é uma dança de Deus, conforme nos ensina a ciência moderna. A sabedoria, portanto, é o principal dom do espírito e nos proporciona o prazer de termos filhos nascidos de nossa mente.

AUMENTE O PODER DO SEU SUBCONSCIENTE
PARA DESENVOLVER A AUTOCONFIANÇA E A AUTOESTIMA

Sim, temos filhos da mente, que podem ser um livro que você escreveu e é capaz de inspirar, elevar e dignificar a alma dos leitores, uma bela escultura ou um bordado, ou outro trabalho manual criativo e gracioso.

Quando vejo um quadro de um mestre da pintura, percebo que ele estava contemplando a indescritível beleza e perfeição do infinito quando pôs a tinta na tela. Digo que ele estava contemplando a beleza, porque não vemos a beleza — uma qualidade do infinito que habita nosso ser. Não vemos o amor, mas podemos amar um filho, uma esposa, um marido, até um animal doméstico. O amor é uma emanação da benevolência, mais um dos invisíveis e intangíveis poderes que existem em nós.

E quanto aos filhos carnais? Quantas vezes você disse sobre um garoto da sua vizinhança: "Que menino bem-educado! É respeitoso com todos e muito estudioso. Sempre o vejo ajudando o pai e a mãe nos trabalhos de casa." O que está por trás dessas palavras? A suposição de que seus pais o educaram, introjetando em sua mente as grandes verdades da vida e boas ideias, porque tudo indica que ele pratica a Regra de Ouro, a lei do amor. As crianças refletem a sabedoria e o treinamento dos pais.

Da mesma forma, sua sabedoria é refletida no seu trabalho, estudo, arte, empreendimentos e no modo como escreve. Quantas vezes você já leu nas cartas que os leitores escrevem aos jornais e revistas palavras amargas, caluniosas, vingativas? Elas mostram que essas pessoas desprezam a si próprias ou se odeiam, porque quando nos odiamos, projetamos o ódio nos outros e não podemos odiar os outros sem primeiro colocar em nossa mente pensamentos de ódio.

Procure sempre alcançar a sabedoria, porque ela é nosso principal dom. Ela aplaina nossos caminhos. Confie e acredite nela,

COMO LIDAR COM A INJUSTIÇA

e ela o ajudará na realização dos seus desejos. As leis da mente são absolutamente justas e a sabedoria nos auxilia a entendê-las. Não se pode rir e lamentar ao mesmo tempo, não se pode exaltar e depreciar simultaneamente. Ninguém pode dizer: "A infinita inteligência está orientando minha filha" e na mesma sentença acrescentar: "Essa menina é complicada, vive inventando problemas." Se, em sua mente, você exalta o divino que existe no seu cônjuge, o casamento será cada vez mais abençoado. Se, ao contrário, estiver sempre pensando nos defeitos (que todos temos), nas peculiaridades, da personalidade do marido ou esposa, com as quais não concorda, está fortalecendo ainda mais essas falhas nele e em você mesmo. Talvez eu esteja sendo grosseiro ao dizer isto, mas agir dessa forma é comer da lata do lixo, é se alimentar de carniça. Você já está divorciado, porque se separou da harmonia, paz, amor, alegria, beleza, bondade e compreensão.

O modo sábio de agir é exaltar a divindade que existe nos dois e afirmar que a infinita inteligência os guia e orienta, que o amor divino satura a mente e o coração do seu cônjuge. Então, o casamento ou parceria progredirá em um clima de compreensão e carinho.

Suponha que você perdeu US$30 mil por causa de um estelionatário. Se vier me contar sobre esse lamentável incidente, eu lhe direi que provavelmente você não usou de sabedoria nessa ocasião. Não procurou investigar os antecedentes do homem, não consultou um advogado ao assinar o contrato, foi exageradamente crédulo e não tomou os cuidados habituais antes de entrar em um negócio envolvendo uma quantia de vulto. Ouso dizer que você foi preguiçoso, apático e distraído, e nem mesmo usou o seu senso comum. Você sofreu uma perda em função da sua atitude mental. Essa é a verdade.

AUMENTE O PODER DO SEU SUBCONSCIENTE
PARA DESENVOLVER A AUTOCONFIANÇA E A AUTOESTIMA

Ganhar ou perder depende da mente. Portanto, eu lhe transmito o conhecimento da atuação das leis da mente. Ao adquirir essa sabedoria, você passará a afirmar que está mental e espiritualmente identificado com os 30 mil dólares e que eles voltarão dentro da divina lei e da divina ordem. Agindo assim, estará recusando a perda e acabará reavendo o dinheiro. Só se perde por meio da mente; só se ganha por intermédio da mente. Ninguém consegue vender uma casa se primeiro não a vender mentalmente; não consegue comprar um par de sapatos se primeiro não o comprar mentalmente; não consegue arranjar um emprego sem primeiro aceitá-lo mentalmente. O corpo não faz nada. Sua mão sozinha não assina um cheque; é a sua mente, atuando sobre ela, que o assina.

Ensinei a uma mulher que sofreu uma perda financeira que fizesse as seguintes afirmações:

Estou constantemente em guarda contra os pensamentos negativos. Afasto-os da minha mente sempre que tentam entrar nela. Tenho fé no infinito poder e na presença que só deseja o meu bem. Creio firmemente na bondade e orientação do Infinito. Abro minha mente e coração para a entrada do divino Espírito e, cada vez mais, descubro em mim o poder, a sabedoria e a compreensão. Estou mentalmente identificada com o dinheiro que não soube aplicar corretamente e agora sei que não posso perder nada se não aceitar essa perda em minha mente, o que me recuso terminantemente a fazer. Sei como o meu subconsciente funciona, sei que ele aumenta o que deposito nele. Portanto, o dinheiro está voltando para mim porque o estou ganhando em minha mente.

COMO LIDAR COM A INJUSTIÇA

E, de fato, o dinheiro voltou para ela, magnificado e multi-plicado. É Deus em ação.

Resumo do capítulo

- É sua atitude mental que o faz navegar por águas tranquilas, e não os ventos dos pensamentos negativos e as ondas de medo que causam a diferença entre promoção e sucesso, perda e fracasso.
- Tudo o que você acredita e imprime no seu subconsciente se concretizará como forma, função, experiência e eventos. Essa crença profunda, seja boa ou má, será aceita pelo subconsciente, que, pelos princípios da lei da mente, não avalia o que é gravado nela.
- Uma das mais importantes leis de mente é: "Tudo o que você liga à afirmação, Eu sou, se torna verdade. Se você diz: "Eu sou um fracasso; eu sou um errado; eu sou velho para isso; eu não presto para nada", será realmente tudo isso. Portanto, diga:

Eu sou forte, eu sou poderoso, eu sou simpático, eu sou bondoso, eu sou admirado, eu sou iluminando, eu sou rico, eu sou amado por Deus e sou digno de toda a sua abundância.

- A justiça está na mente. Você precisa conhecer as leis mentais e espirituais. Aí estará em posição de oferecer justiça, que significa equilibrar o que está desequilibrado. Justiça quer dizer tratamento justo, é a conformidade com a verdade, com base no que é certo — o pensamento certo, o sentimento

AUMENTE O PODER DO SEU SUBCONSCIENTE
PARA DESENVOLVER A AUTOCONFIANÇA E A AUTOESTIMA

certo, a ação certa — que tem como fundamento a Regra de Ouro, a lei do amor.

- Se você quer prosperar, ser bem-sucedido na vida, tem de estabelecer o equivalente mental do que deseja ver materializado. Procure sempre alcançar a sabedoria, que é principalmente a consciência da presença e do poder de Deus dentro de você. Você está adquirindo sabedoria quando entende que todos os pensamentos são criativos e dão origem a uma ação.

CAPÍTULO 9
A cura da mágoa

Há algum tempo recebi uma carta de um homem dizendo que não conseguia entender por que todas as pessoas com que convivia o irritavam. Pedi-lhe para vir falar pessoalmente comigo e, por meio de nossa conversa, descobri que era um indivíduo que não gostava dele próprio e vivia implicando com os outros. A autocondenação transparecia no seu modo tenso de falar e a acidez que transparecia em sua voz dava nos nervos do interlocutor. Falava muito mal de si próprio e criticava os que o cercavam com grande sarcasmo.

Expliquei-lhe que, apesar de suas experiências infelizes aparentes serem devidas aos atos de outras pessoas, era a falta de consideração consigo mesmo e com os outros que se refletiam no relacionamento com elas. Eu o fiz entender que se menosprezando ele não poderia ter boa vontade e respeito com os outros, porque estava sempre projetando seus pensamentos e suas emoções em seus colegas de trabalho e nas outras pessoas de sua vida.

Ele começou a perceber que enquanto projetasse sentimentos de preconceito, má vontade e desprezo pelos outros, iria recebê-los de volta, porque seu mundo era um eco dos seus humores e de suas atitudes.

Ensinei-lhe uma fórmula mental e espiritual que lhe permitiria derrotar sua irritação e arrogância. Ele concordou em gravá-la no seu subconsciente. Como já disse tantas vezes, a mente consciente é a caneta que escreve na lousa da mente mais profunda.

AUMENTE O PODER DO SEU SUBCONSCIENTE
PARA DESENVOLVER A AUTOCONFIANÇA E A AUTOESTIMA

Daqui em diante pratico a Regra de Ouro, o que significa que penso, falo e ajo com os outros como gostaria que pensassem, falassem e agissem comigo. Caminho serenamente pela estrada da minha vida e sou livre para dar liberdade a todos que me cercam. Desejo sinceramente paz, prosperidade e sucesso a todos que conheço e estou sempre equilibrado, calmo e tranquilo. A paz do infinito inunda minha mente e todo meu corpo. Os outros me apreciam e respeitam da mesma maneira que eu me aprecio e respeito. A vida está me honrando grandemente, porque a abundância está ao meu alcance. As pequenas contrariedades da vida não conseguem mais me irritar ou perturbar. Quando percebo o medo, a preocupação, a dúvida ou as críticas dos outros em relação a mim, faço a fé, bondade, verdade e beleza abrirem a porta da minha mente, para expulsarem dela as atitudes de outras pessoas. As sugestões e afirmações dos outros não têm poder sobre mim. Agora sei como curar minhas mágoas e reconheço que o único poder curador está no meu próprio pensamento. Quando tenho pensamentos semelhantes aos de Deus, o poder de Deus os fortalece e eles se tornam realidade.

Esse homem fez essas afirmações três vezes por dia, de manhã, à tarde e à noite, e persistiu na prece até decorá-la. Derramou sobre essas palavras vida, amor e significado, e elas acabaram penetrando nas camadas do seu subconsciente. Houve uma mudança profunda na sua mentalidade. Ele me disse:

— Sou um homem mudado. Fui promovido no emprego e estou aprendendo a me colocar fora da lei das médias. Sinto-me muito melhor. Agora vejo verdade no que o senhor falou em nossa primeira conversa: "Se elevares tua mente, atrairás todas as manifestações."

A CURA DA MÁGOA

O homem aprendeu que o problema estava nele mesmo e decidiu resolvê-los e também mudar seus sentimentos e suas reações. Qualquer pessoa pode fazer isso, desde que tome uma decisão inabalável, persista no exercício e tenha um profundo desejo de se transformar.

Conscientize-se de que a infinita inteligência, o princípio orientador do universo está dentro de você. A infinita presença lhe dá a capacidade de fazer escolhas. Use sua imaginação e todos os outros poderes de Deus que existem em seu interior para escolher o melhor caminho. Lembre-se sempre de que sua mente é, na verdade, a mente de Deus e quando você, de maneira consciente, decisiva e construtiva usa o infinito poder de Deus, torna- se completamente livre dos preconceitos e das opiniões dos outros. Emerson, que foi o maior filósofo dos Estados Unidos, nos inspirou a aumentar o conceito que fazemos de nós mesmos quando anunciou esta profunda verdade: "O que Platão pensou, podemos pensar; o que um santo sentiu, podemos sentir; o que, em qualquer época, aconteceu a alguém, podemos compreender. Quem tem acesso à mente universal, participa de tudo o que existe e pode ser feito, porque ela é o único e soberano agente." Emerson estava constantemente sintonizado com o infinito e nos incentivava a liberar as infinitas possibilidades que existem dentro de nós. Insistia na dignidade e grandiosidade dos seres humanos e afirmava que os mais importantes vultos da história só parecem ser maiores que nós porque estamos de joelhos diante dos acontecimentos da vida. Afirmou também que atribuímos grandiosidade a filósofos como Platão, Sócrates etc. porque eles agiam com base no que eles mesmos pensavam e não no que outras pessoas achavam que eles deveriam pensar.

AUMENTE O PODER DO SEU SUBCONSCIENTE
PARA DESENVOLVER A AUTOCONFIANÇA E A AUTOESTIMA

Comece agora mesmo a ter um conceito elevado, digno e nobre de você mesmo e as pequenas contrariedades da vida não mais terão poder para irritá-lo. Quem se deixa perturbar por elas está demonstrando que é emocionalmente imaturo, que sofre até de infantilismo. É comum esse tipo de pessoa ouvir perguntas como: "Por que você não age como um adulto?" ou "Você é imaturo."

Você fica todo arrepiado quando um superior o critica porque está com o trabalho atrasado, ou leva a crítica numa boa, dizendo: "Sim, você tem razão. Vou me empenhar para isso não acontecer de novo."

Existe um modo certo de falar, caminhar, dirigir um veículo, fazer um bolo etc. Há um modo certo e um errado de fazer qualquer coisa neste mundo. Para viver de maneira plena e feliz, temos de seguir certos princípios. Ninguém pensaria em fabricar uma roda quadrada ou violar os princípios da gravidade ou eletricidade. Da mesma maneira, quando você pensa, fala, age e reage tendo como base a infinita inteligência que habita seu interior, descobre que toda sua existência será plena de alegria, felicidade, sucesso e paz de espírito.

A Sra. Modo Errado trabalhava numa boa companhia, mas detestava a supervisora do seu departamento, que, na sua opinião, era grosseira ao tratá-la e lhe causara muitas mágoas. Queixou-se também que tinha úlcera gástrica e pressão alta. Quando entendeu o princípio espiritual da benevolência e do perdão, tomou consciência de que acumulara muita mágoa e ressentimento em seu coração e que esses pensamentos negativos estavam fermentando em seu subconsciente. Pensou em ter uma conversa franca com a supervisora para acertar a situação, mas a mulher não lhe deu atenção. Em um esforço continuado para corrigir o problema, a Sra. Modo Errado passou a reforçar os princípios da harmonia

A CURA DA MÁGOA

e boa vontade todas as noites e de manhã, antes de sair para o trabalho, afirmando: "Envolvo a minha supervisora em harmonia, amor, paz, alegria e boa vontade." Esses pensamentos foram se afundando em seu subconsciente e, como existe uma única mente, que é a mente de Deus, a outra pessoa também captou essas ideias. "Sempre que penso na minha supervisora, digo: 'O amor de Deus satura a sua mente.'"

Algumas semanas se passaram e a senhora, que agora chamaremos de Modo Certo, foi passar um fim de semana em São Francisco. Ao entrar no avião da ponte aérea, surpreendeu-se ao ver que o único assento disponível ficava ao lado da supervisora. Cumprimentou-a cordialmente e recebeu uma resposta igualmente agradável. As duas se entenderam e acabaram combinando se encontrar para os passeios. Atualmente, elas são amigas e estão sempre presentes nas minhas palestras de domingo.

A infinita inteligência montou o palco para a solução da desarmonia de uma maneira que a Sra. Modo Errado jamais poderia imaginar, porque os caminhos do subconsciente estão além da nossa compreensão. Seu novo modo de pensar modificou completamente a situação e causou inclusive a cura da úlcera gástrica e da pressão alta. Ela entendeu que ninguém é responsável pelo modo como nos sentimos, que somos nós que magoamos a nós mesmos. Você é o único pensador no seu universo e é o responsável pelo que pensa sobre todos que o cercam, e todos que vivem no mundo, inclusive políticos e governantes.

Uma moça veio me procurar, dizendo:

— Ninguém gosta de mim onde eu trabalho e tenho certeza de que vão me despedir a qualquer momento.

— Então, por que você não se demite e procura outro emprego? — perguntei, querendo entender melhor a situação.

— Não vai adiantar nada. Já tive três empregos este ano e nenhum deles deu certo.

Ora, eu conhecia essa moça e sabia que era muito inteligente e capacitada. Percebi que noventa por cento dos seus problemas se deviam à sua personalidade, mas, como é comum, ela atribuía a culpa aos outros. Já está comprovado que a absoluta maioria dos problemas que acontecem na vida profissional, familiar ou mesmo no âmbito governamental decorrem do choque de personalidades.

Dei-lhe uma receita espiritual e orientei-a a usá-la todos os dias, de manhã e à noite, por vários meses. Antes de sair para o trabalho, devia fazer a seguinte prece:

> Irradio pensamentos de amor e benevolência, felicidade e alegria a todos que trabalham comigo. Afirmo e acredito que meu relacionamento com cada um dos meus colegas será harmonioso, agradável e satisfatório. O amor divino, a harmonia, paz e beleza fluem por meus pensamentos, atos e palavras, e estou constantemente deixando sair de mim o esplendor da infinita presença. Sou alegre e feliz, e irradio entusiasmo. Dou graças porque aprendi que a bondade de Deus está aqui, no mundo dos vivos, e que há uma bondade inata em todos os seres humanos.

Essa jovem seguiu minhas instruções ao pé da letra e persistiu nas suas meditações. Sempre que pensamentos de raiva e crítica acorriam à sua mente ou quando imaginava que fora magoada por alguém, derramava afeto e benevolência sobre os outros. Antes do fim do ano foi promovida e passou a ser a principal secretária executiva da firma.

Suponhamos que surge em seu pensamento a vontade de torcer o pescoço de um indivíduo. O que o impede de dizer: "A paz de

A CURA DA MÁGOA

Deus está enchendo sua alma"? É óbvio que absolutamente nada; porque essa atitude está dentro da lei da substituição. Não é fácil e exige uma certa prática. O quanto você deseja alguma coisa? Quer se libertar das suas mágoas, seus rancores, seu ressentimento e antagonismo em troca de uma boa digestão e estabilidade na pressão sanguínea? Sim, é preciso desistir de alguma coisa para conseguir outra.

Um homem veio me procurar, dizendo:

— Estou todo confuso e me sinto amarrado. Não consigo me dar bem com os outros. Tenho a impressão de que irrito todo mundo. — Esse rapaz era hipersensível, agitado, implicante e egocêntrico. Apesar disso, desejava um bom relacionamento com seus colegas de trabalho.

Expliquei-lhe que sua atual personalidade representava a soma do seu modo habitual de pensar, da sua criação, dos seus estudos e atmosfera que criara em torno de si próprio, mas que poderia transformá-la. Ensinei-lhe que o infinito morava dentro dele e que todos os atributos, potenciais e qualidades divinas estavam embutidas em sua mente mais profunda. Elas poderiam ser despertadas para se manifestarem em sua vida. Eu lhe dei a seguinte prece para transformar sua personalidade que, como de hábito, deveria fazer duas vezes por dia, afirmando com afeto e emoção:

Deus tem uma grande personalidade, é a vida única que se expressa através de mim mesmo. Deus é o infinito princípio vital dentro de mim e Sua presença flui através de mim como harmonia, alegria, paz, amor, beleza e poder. Sou um canal para o divino, da mesma forma que um fio e uma lâmpada são canais para a eletricidade. A inteireza, beleza e perfeição do infinito estão constantemente se expressando através de mim. Agora

AUMENTE O PODER DO SEU SUBCONSCIENTE
PARA DESENVOLVER A AUTOCONFIANÇA E A AUTOESTIMA

estou espiritualmente renascido e me separo por completo do meu antigo modo de pensar. Trago o divino amor, a verdade e a beleza para minha vida. Sinto amor pelos outros de maneira consciente, e ele se projeta sobre todas as pessoas. Sempre que entro em contato com alguém, digo dentro do meu coração: "vejo a divina presença em você e sei que você vê a divina presença em mim." Reconheço as qualidades do infinito em todos os seres humanos. Pratico minha meditação várias vezes por dia e ela está se tornando uma parte viva do meu ser. Renasci porque todos os dias tomo consciência do infinito dentro de mim. Não importa o que eu estiver fazendo, seja em casa, no trabalho ou nas ruas, sempre que meus pensamentos se afastam do infinito, eu os trago de volta para contemplar a divina presença. Sinto-me nobre, digno e semelhante a Deus. Vivo em constante bom humor porque sinto que sou uno com o infinito. Sua paz enche a minha alma.

À medida que esse homem foi se habituando a permitir que os atributos e as qualidades do infinito bem fluíssem pela sua mente, toda sua personalidade sofreu uma maravilhosa mudança. Ele tornou-se afável, simpático e muito compreensivo, Atualmente, irradia entusiasmo e boa vontade para todas as pessoas e para os lugares que frequenta.

Os que amam as leis de Deus têm grande paz e nada é capaz de ofendê-los. Uma dessas leis diz: "Sou o que contemplo. Sou o que desejo ser. A infinita sabedoria mantém em perfeita paz os que estão constantemente voltados para o divino." Quem tem os olhos fixos em Deus não encontra grandes obstáculos em sua vida porque o amor divino vai à sua frente aplainando e endireitando sua estrada.

174

Há pouco tempo fiquei sabendo que um casal estava se desentendendo e vivia brigando. Ambos sofriam de orgulho ferido e se acusavam mutuamente entre crises de choro, gritos e portas batendo. Eles tinham uma filha de 6 anos. Um certo dia, ela olhou firme para o casal e disse, muito brava:

— Vocês dois precisam de uma boa sova! — Depois de um pequeno silêncio, pai e mãe começaram a rir. A tensão foi quebrada e logo os dois se convenceram que estavam agindo como tolos e tendo atitudes ridículas por causa de vontades contrariadas. De fato, estavam encontrando prazer em apregoar suas mágoas.

Qualquer trauma psíquico rouba de você a vitalidade, inteireza, beleza e energia. Não se deve dar atenção a mágoas e ressentimentos, porque esse é o caminho mais rápido que existe para o envelhecimento e as doenças. Esses sentimentos tiram sua vitalidade, entusiasmo, energia, bom discernimento e julgamento, e você se esvazia, sentindo-se um trapo. Entretanto, muitas pessoas extraem uma pseudo-satisfação em fazer o papel de mártir e costumam reclamar, usando afirmações como: "Se você me amasse de verdade, faria..."; "Quando eu morrer você vai me dar valor e lamentar pelo modo como me tratou"; "Vou morrer de enfarte por sua causa." Isso é chantagem emocional por parte de quem quer obrigá-lo a obedecer suas vontades. Pessoas que agem dessa maneira não estão interessadas em seu bem-estar. São egocêntricas e possessivas. No fundo estão dizendo: "Você tem de fazer o que eu quero" e não têm o menor interesse em sua felicidade, alegria ou paz de espírito.

Você é uma dessas criaturas que querem que parentes e colegas tenham seu modo de pensar? Que acreditem no que você acredita? Que devem se comportar como você manda? Devem votar num determinado partido político ou frequentar uma certa igreja?

AUMENTE O PODER DO SEU SUBCONSCIENTE
PARA DESENVOLVER A AUTOCONFIANÇA E A AUTOESTIMA

Se for esse seu modo de agir, você é emocionalmente imaturo. Dê liberdade aos seus pais, irmãos, avós, colegas, a todos que o cercam, permitindo que acreditem no que desejam acreditar. Se querem acreditar em inferno, reencarnação, em um demônio tão poderoso como Deus, não os contrarie. Todos temos nossas próprias peculiaridades, anormalidades, excentricidades e manias, e não cabe a ninguém julgá-las.

Gostei muito de uma brincadeira que fizeram comigo. "O senhor sabe quais são as quatro letras mais importantes deste mundo? São CSPV. Porque significam: 'Cuide da sua própria vida.'" Concordo inteiramente com isso, porque cada indivíduo tem o direito de fazer o que acha certo. Todos estamos aqui para contribuir para a evolução do planeta Terra. Você está aqui para ser um produtor de harmonia, saúde, paz, alegria, abundância e segurança. Quem age dessa maneira não tem tempo para criticar a si mesmo ou os outros, não se deixa influenciar pelo próximo porque está ocupado demais criando coisas boas em sua vida. Todos somos capazes de gerar grandes coisas. Seu sucesso, prosperidade, paz e felicidade não devem depender do que os outros pensam, fazem ou não fazem, dizem ou não dizem, acreditam ou não acreditam.

A única coisa que tem verdadeira importância é o que você pensa em seu coração, no seu subconsciente. Você é aquilo que pensa e sente, e, sobretudo, é o responsável pelas suas reações, sentimentos e emoções. Você é o mestre do seu subconsciente, você é o rei. Sugestões, afirmações e atos dos outros não têm o poder de perturbá-lo. É você mesmo que se perturba com o movimento dos seus próprios pensamentos. Portanto, tem a possibilidade de abençoar ou amaldiçoar. Se alguém o xinga de desequilibrado, sua primeira reação deve ser: "Espere aí. Eu não sou isso. Por acaso

A CURA DA MÁGOA

ando por aí rasgando dinheiro?" Em seguida, diga a si mesmo algo como: "Nada do que você diz é capaz de me afetar, que a paz de Deus encha a sua alma" e vá cuidar da sua vida.

Agindo dessa maneira, você se recusa a dar a essa pessoa o poder de lhe dar uma dor de cabeça ou de estômago, de perturbá-lo emocionalmente ou impeli-lo a falar ou fazer alguma tolice, que talvez fosse a primeira intenção do seu desafeto. Seja esperto e não se deixe afetar.

A inveja e os ciúmes são os piores sentimentos, e a competição baseada neles é extremamente perturbadora. A pessoa invejosa é infantil, e seu aspecto e atitudes denotam isso. Preste atenção em alguém que é invejoso, tanto na vida familiar como profissional, e você entenderá o que eu digo. Os invejosos estão sempre pensando nos atos dos outros, no lugar onde moram, no que compram ou não compram. Parecem não ter tempo para cuidar da própria vida e, na minha opinião, agem como se trabalhassem para os outros o dia inteiro, sem receber nada por isso. Não é um desperdício de energia, vitalidade e entusiasmo? De fato é.

O invejoso não bloqueia o progresso de ninguém, só o dele próprio, porque seus pensamentos maldosos surgem primeiro em sua mente. Ele é profundamente influenciado pelos outros e sente-se inferior a eles. É como se pusesse o objeto da sua inveja em um pedestal e ficasse dizendo: "Você está lá em cima e eu estou aqui embaixo." Ele se desmerece e, por isso, atrai carência e limitação, e se empobrece em todos os aspectos.

Ninguém tem o poder de nos magoar. Somos nós que nos magoamos, nós que nos deixamos afetar pelos outros. Você não deve deixar que os atos e pensamentos de uma pessoa invejosa governem seus sentimentos e sua vida. Pense sempre que você tem sua própria mente, que é a mente de Deus. Não se permita ser hipnotizado, induzido ou manipulado pelos outros. Isso só acontecerá se você deixar. É você que tem de tomar suas próprias decisões. Acredite firmemente que existe uma inteligência infinita em seu interior, que é um guia e conselheiro, que o sustenta e fortalece.

Um membro da minha congregação veio conversar comigo dizendo que era tímido, acanhado, complexado e só conseguia ver o mundo como algo difícil e cruel. Logo percebi que tentava fugir da responsabilidade de assumir o domínio sobre sua vida, que era seu por direito de nascença. Ele queixou-se de que os outros não gostavam dele e sempre davam a impressão de menosprezá-lo. Sentia-se vítima de críticas infundadas e carregava muitas mágoas no coração. Por tudo isso, criara em si próprio uma sensação de insegurança e inadequação. Estava muito deprimido e me perguntou se um dia conseguiria um pouco de aprovação por parte dos outros.

A primeira coisa que fiz foi lembrá-lo das palavras da Bíblia: "Ama teu próximo como a ti mesmo." Expliquei-lhe, então, que ele teria de entender bem o sentido desse mandamento. Para poder amar os outros, precisava antes de tudo amar a si próprio e esse, sim, era o mandamento mais importante. Eu o fiz ver que ao se desprezar e desmerecer, ele não podia dar ou receber estima, boa vontade e respeito porque uma das leis da mente afirma que estamos constantemente projetando nossos pensamentos, emoções e crenças nos indivíduos que nos cercam e o que enviamos para fora de nós, recebemos de volta.

Se você é mesquinho e cruel consigo mesmo, outros serão mesquinhos e cruéis com você. O *self* em você é Deus. É seu eu superior, a suprema inteligência, e você deve honrá-la e exaltá-la. Dê seu reconhecimento e veneração à suprema inteligência no seu interior e não a qualquer coisa que tenha sido criada. Amando a

A CURA DA MÁGOA

si mesmo, você ama Deus e todos que lhe são próximos, porque a infinita presença está em todos os seres humanos.

Você é filho do Absoluto, e todos os poderes e qualidades do Absoluto estão no interior do seu ser. Amar a si próprio não é egoísmo, amar a si próprio é reconhecer, honrar, respeitar e exaltar o Espírito vivo, supremo, onipotente e fazer aliança com Ele. A suprema inteligência o criou, o anima e sustenta. Ela é o princípio vital em você.

Repito que isso não tem nada a ver com egoísmo ou autoengrandecimento, mas é uma sadia veneração do divino que rege sua vida. Aprenda a amar seu verdadeiro eu e automaticamente amará, estimará e honrará os outros. O seu eu superior é o EU SOU dentro de você. Quando você diz EU SOU, está anunciando a presença do Deus vivo em seu interior. Ele tudo sabe, tudo conhece, tudo vê e deve ser amado e venerado. Esse é o outro significado do mandamento: "ama teu próximo (o Deus interior) como a ti mesmo."

Resumo do capítulo

- Comece a tomar consciência de que a infinita inteligência, o princípio orientador do universo está dentro de você. A infinita presença curadora controla todos seus órgãos vitais e todos os processos e funções do seu organismo. Você tem capacidade de fazer escolhas. Use sua imaginação e aproveite todos os poderes de Deus que estão no fundo do seu ser. Quem usa de maneira consciente, decisiva e construtiva o poder infinito que vive nos seres humanos, conquista a própria liberdade.

AUMENTE O PODER DO SEU SUBCONSCIENTE
PARA DESENVOLVER A AUTOCONFIANÇA E A AUTOESTIMA

- Ninguém é responsável pelo que você pensa ou sente. Você é o único pensador no seu universo. Se está magoado é porque se deixou magoar, deu poder a outra pessoa para influenciar seus sentimentos.

- Há grande paz nos que amam as leis divinas e nada é capaz de ofendê-los. Uma das mais importantes leis divinas é: "Sou o que contemplo; sou o que penso que sou." Os que mantêm os olhos em Deus não encontram o mal em seu caminho. O amor divino vai à sua frente, sempre endireitando e aplainando a sua estrada.

- Não se deixe dominar pela mágoa, porque esse tipo de sentimento rouba de você todas as benesses de Deus. Esse é o modo mais rápido de envelhecer e adoecer. A pessoa "sentida" deixa suas emoções furtarem sua vitalidade, entusiasmo, energia, discernimento e julgamento, e acaba se tornando um verdadeiro farrapo físico e mental.

- A única coisa que realmente importa é o que você pensa em seu coração. Você é o que pensa e sente na mente mais profunda, é o responsável pelo modo como pensa e age. As sugestões, declarações e atos dos outros, mesmo que sejam parentes próximos, não têm poder para perturbá-lo. Você se perturba pelo movimento de seus próprios pensamentos. Portanto, tem a possibilidade de abençoar ou amaldiçoar.

- Aprenda a amar seu verdadeiro eu, e aprenderá a amar e respeitar os outros.

CAPÍTULO 10
Como lidar com pessoas difíceis

Nas ilhas do Havaí encontramos pessoas dos mais variados grupos étnico-raciais e de diversas crenças religiosas vivendo em harmonia, paz e confiança em Deus, que lhes deu aquela maravilhosa natureza. Visito frequentemente essas ilhas e nunca perco a oportunidade de conversar com seus cidadãos. Um motorista que me levou do aeroporto até o Maui Hilton Hotel me contou que descendia de uma mistura de irlandeses, portugueses, alemães, japoneses e chineses, e salientou que os moradores das ilhas vêm passando por um processo de miscigenação há gerações, mas problemas raciais graves são aparentemente desconhecidos. Um dos principais motivos para separações e divórcios é a inabilidade de alguns homens e mulheres de conviver uns com os outros. Na verdade, eles não gostam de conviver consigo próprios e, devido à frustração, vivem brigando dentro de suas mentes. Como não conseguiram realizar seus sonhos e aspirações, projetam sua animosidade nos outros.

É simples ensinar as pessoas a concretizar seus desejos, sonhos e aspirações. Basta explicar: "Deus lhe deu o desejo de ser maior e mais importante, porque a vida é uma eterna progressão." Sim, a vida é um envolvimento infindável na direção do que é real. O Espírito que habita dentro de nós está constantemente dizendo: "Vá mais alto, transcenda e cresça." Os murmúrios e sussurros do nosso coração sempre nos impelem a favor da vida. Devemos

AUMENTE O PODER DO SEU SUBCONSCIENTE
PARA DESENVOLVER A AUTOCONFIANÇA E A AUTOESTIMA

afirmar: "O espírito infinito que me deu este desejo revela o plano perfeito para que ele se concretize dentro da divina lei e da divina ordem." Sustentando esse pensamento, a porta nos será aberta. Entretanto, precisamos conhecer as leis da mente para atingir nossas metas, porque, caso contrário, estaremos sujeitos à frustração e a nos fechar cada vez mais dentro de nós mesmos.

Milhões de pessoas parecem ter a capacidade de irritar ou aborrecer os outros, e, frequentemente, têm uma atitude prepotente que chega a ser ofensiva. O melhor modo de viver harmoniosamente com os outros é saudar a divindade que vive dentro deles e se conscientizar de que cada homem ou mulher é um membro da espécie humana e que a divindade está dentro de todos nós, sem exceção, pois todos somos Deus manifestado. Existe apenas um único Ser. Nenhum ser humano pode ser chamado de Pai, porque existe apenas um Pai celestial, que é Deus Todo-poderoso. Quando falamos em "Pai" estamos nos referindo ao princípio vital, o progenitor de todos os seres humanos. A maioria das religiões chama Deus de "Nosso Pai". Somos todos intimamente relacionados e magoar outra pessoa é magoar a si mesmo. Muitos talvez não tenham consciência disso, mas é a pura verdade.

Se você deseja que outra pessoa fracasse nos seus empreendimentos, está pensando em fracasso e, como seu pensamento é criativo, você será o primeiro a fracassar. Se a pessoa que é o alvo da sua inveja acredita em prosperidade e sucesso, nada o impedirá de vencer na vida. Você, que é tolo e ignorante, estará afundado no fracasso e sofrimento.

Não existe uma única pessoa na Terra que não seja filha da infinita presença, infinito poder e infinito poder. Quando respeitamos e honramos a divindade em nós, automaticamente, honramos e reverenciamos a divindade no outro. Algumas pessoas afirmam que ficam confusas diante do mandamento: "Ama teu próximo como a ti mesmo", porque dizem: "Como posso amar aquele

182

COMO LIDAR COM PESSOAS DIFÍCEIS

sujeito? Ele sempre volta para casa embriagado, bate na mulher e maltrata os filhos." Elas não entendem o verdadeiro sentido dessa ordem divina. O nosso próximo é Deus, nosso Eu Superior. Na Bíblia, a palavra amor não é um sentimento nem uma emoção, e deve ser entendida como um respeito saudável pela divindade que nos criou, que nos deu o mundo inteiro de presente quando nascemos. Tudo já estava aqui quando chegamos: ar, água, solo, vegetação, luz e calor do Sol. Deus lhe deu tudo em abundância e quer que você desfrute da criação.

Se você não tem um respeito reverente pela divindade que está em seu interior, como poderá respeitar a divindade nos outros? É por isso que um homem não pode amar sua esposa, seus filhos ou qualquer outra pessoa se não amar a si próprio em primeiro lugar, porque seu eu interior é Deus, o Espírito que o criou. Amar a Deus é dar toda sua lealdade ao único poder e fazer aliança com Ele. Se você respeita outros poderes ou dá poder às estrelas e planetas, ao Sol ou a Lua, ao clima ou aos quatro elementos, estará fazendo aliança com coisas criadas e não com o Criador. A Bíblia diz: "Não terás outros deuses além de mim, porque eu, o Senhor teu Deus, sou um deus ciumento." Nosso Deus é "ciumento" no sentido de que você não deve conhecer outra deidade. O poder é único e indivisível e se movimenta com unidade e harmonia. Nada é capaz de se opor a ele ou distorcê-lo. Portanto, você não deve colocar qualquer outro indivíduo num pedestal e dizer: "Esta pessoa pode criar obstáculos para prejudicar meu progresso na vida." Agindo dessa forma, está sendo injusto consigo mesmo.

Em uma das minhas visitas ao Havaí, tive uma interessante conversa com um garçom. Ele me contou que um excêntrico milionário estadunidense vinha todos os anos às ilhas para uma temporada de férias. Esse visitante era um avarento que jamais dava gorjetas. Estava sempre mal-humorado, era grosseiro e sem educação. Nada o satisfazia, e apesar do serviço de qualidade do hotel, vivia reclamando da comida e do tratamento. Só se dirigia aos garçons e às camareiras com grunhidos.

— Eu achava que ele era doente — disse o rapaz. — Os kahunas (sacerdotes da religião tradicional havaiana) dizem que quando as pessoas agem dessa maneira, têm alguma coisa comendo-as por dentro. Por isso, decidi matar esse bicho, afogando-o em bondade. Comecei a tratá-lo com a maior cortesia e respeito, sempre afirmando em silêncio: "Deus o ama e cuida dele. Vejo Deus nele e ele vê Deus em mim." — Ele praticou essa técnica por quase um mês, e um dia, durante a hora do café da manhã, o milionário cumprimentou-o pela primeira vez na vida.

— Bom dia, Tony. Como está o dia hoje? — Depois de ser servido, falou: — Você é o melhor garçom que já conheci.

— Quase desmaiei — riu Tony. — Esperava um grunhido e recebi um elogio. — Quando ele foi embora, me deu uma gorjeta de US$500.

Uma palavra dita na hora certa pode fazer maravilhas. Palavras são pensamentos expressos. As palavras e os pensamentos do garçom foram dirigidas à alma (mente subconsciente) do hóspede malcriado. Pouco a pouco seu coração foi amolecendo e ele acabou respondendo com consideração e bondade. Tony é uma prova de que ver a Presença de Deus no outro e insistir nas eternas verdades traz grandes dividendos no campo dos relacionamentos humanos, tanto em termos materiais como espirituais.

Tive outra conversa interessante com a diretora social de um dos hotéis da ilha de Maui, e ela disse que às vezes, ao cumprimentar um hóspede, falava: "Hoje o dia está lindo, não?" e a resposta era mal-humorada, como: "Calor demais. Detesto este clima úmido. Para falar a verdade, não estou gostando de nada aqui." Quando isso acontecia, percebia que essa pessoa estava perturbada

COMO LIDAR COM PESSOAS DIFÍCEIS

emocionalmente e era impulsionada por algum sentimento irracional. Estudara Psicologia na Universidade do Havaí e lembrava de um professor que sempre ensinava que ninguém é grosseiro ou mostra raiva da pessoa que tem um defeito de nascença óbvio, alguém com cifose, por exemplo, porque é fácil sentir compaixão por ela. Então, por que se deixar perturbar por pessoas que são corcundas emocionais? Também devemos ter compaixão por eles, procurando compreender seu estado mental e emocional caótico, e perdoá-los.

Essa moça é graciosa, afável e encantadora e, aparentemente, ninguém a tira do sério, porque adquiriu um tipo de divina imunidade e tem consciência de que ninguém pode magoá-la, senão ela mesma. Assim, tem a liberdade de abençoar ou maldizer uma outra pessoa, e mantém completo controle sobre sua mente mais profunda.

As sugestões, declarações e atos dos outros não têm poder para nos perturbar. O importante é o movimento da nossa própria mente. Diante de uma situação desagradável, você poder dizer: "Deus está me orientando agora. A paz enche a minha alma", ou "Esse sujeito é estúpido", ou ainda "Ela é insuportável". É você quem gera a raiva, porque é o chefe, o patrão do seu subconsciente, é você que está no controle.

Um rapaz que toca numa banda à noite para pagar seus estudos na Universidade do Havaí, na qual faz Direito, me contou que entrara em atrito com alguns dos seus professores e que sofrera um "branco" durante os exames escritos e orais. Ele estava tenso e ressentido.

Expliquei-lhe que seu subconsciente continha uma lembrança perfeita de tudo que ele já vira e lera, mas quando a mente racional está tensa, a sabedoria da mente mais profunda não consegue vir à tona. Dei-lhe uma prece acompanhada das habituais instruções:

AUMENTE O PODER DO SEU SUBCONSCIENTE
PARA DESENVOLVER A AUTOCONFIANÇA E A AUTOESTIMA

A infinita inteligência que está no meu subconsciente me revela tudo o que preciso saber e sou divinamente orientado nos meus estudos. Irradio amor e boa vontade para meus professores e estou em paz com eles. Passo em todos os exames dentro da divina ordem.

Ele está escrevendo essas afirmações no subconsciente com a caneta da mente racional e tudo o que gravamos na mente mais profunda se concretiza dentro da divina ordem. Foi dessa maneira que aprendemos a andar, nadar, dançar ou dirigir automóveis. Você repetiu um modelo de pensamento e de atos, muitas, muitas e muitas vezes, até que eles acabaram se transformando numa segunda natureza. E o que é uma segunda natureza? É a resposta do seu subconsciente aos atos e pensamentos da mente racional que se tornam automáticos devido à repetição. Isso é o que chamamos de prece. É incrível, mas a maioria das pessoas não tem noção do que é orar.

Três semanas se passaram depois da conversa que tive com o jovem músico quando recebi uma carta contando que ele fizera o exame mais importante do curso e passara com louvor, e que agora tinha um ótimo relacionamento com os professores. O rapaz foi bem-sucedido em incorporar a ideia da memória perfeita para tudo o que precisava saber, repetindo constantemente as afirmações que lhe dei. Sua emanação de amor e boa vontade foi captada pelo subconsciente dos seus professores, resultando numa convivência harmoniosa.

No Havaí existe um vulcão extinto, chamado Halekala, que agora é uma cratera com enormes ondulações de lava petrificada.

Eu estava com um grupo, formado por turistas vindos dos Estados Unidos, Estocolmo, Austrália e Nova Zelândia. Na van

COMO LIDAR COM PESSOAS DIFÍCEIS

da agência de turismo, eu me sentava ao lado de um médico neozelandês e sua esposa, e depois de vermos o panorama criado pela atividade vulcânica que estávamos visitando, ele me contou que sua vida havia não muito tempo era um verdadeiro vulcão em erupção, porque ele tinha o hábito de julgar as pessoas muito duramente. O que mais o enfurecia eram as notícias e os artigos de colunistas dos jornais. Ele passava horas escrevendo cartas desaforadas aos membros do parlamento, a entidades governamentais e particulares. Era como se estivesse sempre fervendo por dentro e isso resultou em dois infartos e um pequeno acidente vascular cerebral. Quando se recuperou do derrame, percebeu que fora o próprio causador dos seus problemas físicos.

O médico estava internado num hospital e uma enfermeira lhe deu os Salmos 23 e 91 para ler, dizendo: "Doutor, este é o melhor remédio para o seu caso." Ele leu e ficou meditado sobre o Salmo 23:

O Senhor é meu pastor, nada me falta. Em verdes pastagens me
faz repousar, Para águas tranquilas me conduz,
E restaura minhas forças;
Ele me guia por caminhos justos.
Ainda que eu caminhe por um vale tenebroso, Nenhum mal
temerei, pois estás junto a mim; Teu bastão e teu cajado me
tranquilizam...

O médico também leu e meditou sobre o Salmo 91, pensando nele na primeira pessoa:

Eu habito sob a proteção do Altíssimo e pernoito à sombra do
Senhor, dizendo a Javé: Meu abrigo, minha fortaleza, meu Deus,
em quem confio!

AUMENTE O PODER DO SEU SUBCONSCIENTE
PARA DESENVOLVER A AUTOCONFIANÇA E A AUTOESTIMA

...Ele me esconde com suas penas e sob suas asas encontro abrigo...

É impossível ler atentamente essas grandes e eternas verdades sem alcançar a paz de espírito.

Ao longo dos séculos, pessoas de todas as crenças têm usado esses salmos em caso de naufrágios, incêndios, desastres naturais, emergências e doenças incuráveis, em todos os tipos de problemas, e foram protegidos por eles, porque estão escritos na mente subjetiva universal, que no hinduísmo é chamado de Registro Akáshico, e, quando recorremos a eles, estamos extraindo as técnicas de sobrevivência, experiências e curas de milhões de pessoas. Por isso, conseguimos uma resposta e resultados maravilhosos.

Voltando ao caso do médico neozelandês, ao repetir muitas vezes esses salmos, ele descobriu que existia uma medicina espiritual. Pouco a pouco as afirmações desses salmos se aprofundaram em seu subconsciente. Contou-me que havia um bom tempo tinha aprendido a se ajustar às pessoas, tomando consciência de que cada indivíduo é condicionado de maneira diferente dos outros e que este mundo é habitado por seres humanos imperfeitos esforçando-se para chegar à perfeição. Como me disse, o médico aprendeu a ser fiel ao seu Eu superior e a respeitar a divindade nos outros.

Shakespeare escreveu: "Seja verdadeiro contigo mesmo. Assim, tão certo como depois da noite vem o dia, não conseguirás ser falso com qualquer outro homem." O médico aprendeu que compreender tudo é perdoar tudo. Contou-me também que continua a ser intolerante com falsas ideias e injustiças, mas não liga mais para as pessoas que as apresentam. Permanece fiel às verdades de Deus e aos princípios eternos.

COMO LIDAR COM PESSOAS DIFÍCEIS

Um homem que fiquei conhecendo na praia do Maui Hilton Hotel me disse: "Estou aqui para me afastar de tudo." E começou a criticar todos que trabalhavam em sua organização e também o governo federal. Parecia ter também uma queixa sobre o infinito. "Eu viveria melhor se Deus me deixasse sossegado, não aguento mais ouvir justificativas em seu nome. Existe alguma coisa que eu poderia fazer para melhorar meus relacionamentos em geral e suportar tanta gente chata?"

Contei-lhe que várias pesquisas já tinham demonstrado que grande parte das dificuldades encontradas nos relacionamentos humanos ocorre porque as pessoas não olham para dentro de si próprias à procura da causa dos desentendimentos. Disse-lhe também que o primeiro passo para modificar as coisas seria fazer as pazes com seu Eu, que era bem difícil. Expliquei que grande parte dos problemas que enfrentava no convívio com seus empregados e sócios poderiam ser considerados como "causas secundárias". Ele terminou por admitir que era mesmo cheio de raiva e hostilidade, e sentia-se profundamente frustrado por não ter realizado os planos que fizera para sua vida.

Pouco a pouco esse homem começou a ver que sua raiva reprimida atiçava a raiva ou hostilidade que estava latente dentro dos que os cercavam e que sofria em função das reações que ele mesmo causava. Também descobriu que o que chamava de animosidade ou hostilidade dos seus sócios e empregados, refletiam em grande parte sua própria hostilidade e frustração. Eu lhe dei uma receita espiritual, acompanhada das instruções habituais:

> Sei que existe uma lei da causa e efeito, e o clima que eu crio volta para mim nas reações das pessoas e nas condições e eventos de minha vida. Agora sei que meu tumulto interno desencadeia

raiva e hostilidade em homens, mulheres e animais. Também sei que tudo o que vivencio tem afinidade com algo que existe em minha mente, tanto consciente como subconsciente, pois sou o que sinto e penso, e expresso meus pensamentos no modo como me comporto. Agora tomo este remédio espiritual muitas vezes ao dia e penso, falo e ajo a partir do centro divino que existe em meu ser. Eu irradio amor, paz e boa vontade para todos que me cercam e para todas as criaturas do mundo. Esse ser infinito está recostado em sorridente repouso no meu interior. A paz é o poder que está no coração de Deus e um rio de paz inunda meu ser e toda a minha vida. Sou único com a infinita paz de Deus. Minha mente é parte da mente infinita, e o que é verdade para o infinito é verdade para mim. Reconheço e sei que nenhuma pessoa, lugar ou coisa deste mundo tem poder para me perturbar, irritar e enfurecer sem que eu lhe dê permissão mental. Meu pensamento é criativo e eu, em plena consciência, rejeito todas as ideias e sugestões negativas, afirmando que a infinita inteligência é meu guia, meu conselheiro, meu governador e que Sua sabedoria cuida de mim. Reconheço que a infinita inteligência é meu verdadeiro patrão e eu trabalho para essa presença e poder, que me anima e me sustenta. Meu verdadeiro eu é Deus, o Espírito vivo que habita em mim. Ele não pode ser ferido, magoado ou distorcido. Sei com absoluta certeza que fui eu mesmo que me magoei por meio de excessivas críticas, menosprezo e autocondenação. Agora envio bondade, amor e alegria para todos que me cercam e sei que a bondade, verdade e beleza estão comigo todos os dias de minha vida, pois moro eternamente na casa do infinito.

Passaram-se três semanas e recebi uma carta, dizendo que a prática dessa meditação fizera essas afirmações substituírem

COMO LIDAR COM PESSOAS DIFÍCEIS

o tumulto que existia em seu espírito por calma, serenidade e a sensação de que nada seria capaz de perturbá-lo. Dizem que a paz é o poder no coração de Deus, e o infinito, como escreveu Emerson, está recostado, em sorridente repouso, enquanto o finito está sofrendo e se retorcendo por causa das paixões. O finito é nossa mente consciente onde está o problema, mas nas profundezas do seu subconsciente existe absoluta harmonia e bem-aventurança. Um comandante de submarino uma vez me contou que quando a embarcação submerge para um nível muito profundo, existe uma sensação de enorme tranquilidade. Não há ruídos externos nem confusão de qualquer tipo. O mesmo vale para as profundezas de nosso ser.

Um executivo japonês me disse:

— Trabalho há cinquenta anos e já viajei muito. Aprendi que as pessoas são basicamente boas e honestas. Eu as aceito como são e cada uma é diferente da outra. Cada uma teve seu próprio treinamento e condicionamento. Seus costumes e crenças religiosas diferem porque são resultado da sua criação familiar, do grau de educação formal que tiveram e de seu modo habitual de pensar. Sei que reclamar sobre meus clientes e me irritar com eles não vai mudá-los em nada. Aprendi a não deixar ninguém me perturbar. Eu só os entrego nas mãos de Deus e sigo meu caminho.

Ele me mostrou uma lista de dez clientes que lhe deviam somas consideráveis e ignoravam seus avisos de pagamento, e continuou:

— Rezo diariamente para essas pessoas, pedindo a Deus que prosperem em todos os aspectos e que sejam guiadas para seu mais alto bem. Repito que elas são sinceras, honestas, abençoa- das e que pagam suas contas com prazer. Comecei a fazer isso há um mês e até agora oito delas pagaram, pedindo desculpas pelo atraso. Faltam duas, mas sei que elas também vão saldar suas dívidas.

AUMENTE O PODER DO SEU SUBCONSCIENTE
PARA DESENVOLVER A AUTOCONFIANÇA E A AUTOESTIMA

A experiência de vida desse executivo o fez entender que modificando sua atitude mental em relação aos seus devedores, eles também se modificariam. É o que eu ensino: trate as pessoas com respeito, honre e saúde a divindade que está nelas. Não há um único indivíduo neste mundo que não tenha Deus em seu interior. Sejam ladrões ou assassinos, a divina presença está ali. Ela pode estar dormente, oculta, mas está neles também. A divina presença está no marido, na esposa, nos filhos e nas filhas, nos sogros e nas sogras. Portanto, respeite-a sempre. Irradie amor e benevolência para todos; isso não custa nada e rende fabulosos dividendos espirituais. Perceba que pessoas bem ajustadas nunca agem de maneira contenciosa, hostil, antagonística ou amarga. Já pessoas que não conhecem a harmonia, estão sempre atraindo pessoas desarmoniosas. E não é de admirar, pois semelhante atrai semelhante.

Pessoas irascíveis e belicosas têm algum tipo de conflito mental. Como vimos anteriormente, os kahunas havaianos dizem que existe alguma coisa comendo-as por dentro. Você já viu um feijão que pula? É verdade. Há um verme dentro do grão de feijão e, quando ele é aquecido, o verme se mexe e vemos um feijão pulando. De fato, parece que existem indivíduos que abrigam um verme na sua mente, que é o preconceito ou pré-julgamento. Algumas pessoas têm preconceito contra judeus, católicos ou evangélicos, comunistas e socialistas, por exemplo, sem conhecer nada sobre eles. Fizeram um julgamento apressado e emitem opiniões erradas, sem nenhum fundamento.

Se perguntarmos a esses indivíduos qual é o motivo do seu preconceito, eles não sabem responder. Se você entrar em contato com pessoas preconceituosas, geniosas e, de uma maneira geral, difíceis, entregue-as ao infinito e declare sua independência delas.

192

COMO LIDAR COM PESSOAS DIFÍCEIS

Diga: "entrego essa pessoa para o infinito e a infinita presença e infinito poder o levam para fora de minha vida dentro da divina ordem, por meio do amor de Deus. E essa divina presença e divino poder também a tiram da minha vida por meio do divino amor." E, assim, acontecerá. Elas sumirão de sua vida como se tivessem sido engolidas pela terra. Então, você se verá em verdes pastagens e águas tranquilas, porque "Ele restaura minha alma".

Estamos sempre em contato com pessoas, seja em casa, no escritório, na fábrica, nas ruas... conhecemos novos indivíduos em passeios e viagens, e por isso temos de aprender a conviver em harmonia com todos os habitantes deste mundo. Cada um deles tem uma mente e essa mente é comum a todos os seres humanos. Por isso, ninguém pode fugir de si mesmo. É inútil alguém dizer que vai a Boston, por exemplo, porque lá as pessoas são mais educadas ou generosas. Lembre-se de que você leva sua própria mente e estado de espírito para onde for e, se você é irascível, belicoso e mal-humorado, vai atrair pessoas com esses mesmos defeitos, porque semelhante atrai semelhante.

Pare de tentar fugir de si mesmo e de acusar os outros pelas dificuldades que encontra em sua vida. O problema está dentro de sua mente. Há uma parábola chinesa que fala de um menino que fugiu de casa. Na antiga China, quando um garoto fugia para um outro vilarejo, tinha o direito de se consultar com o professor da aldeia, porque este estudava o *I Ching*, o grande livro da sabedoria, e estaria capacitado para dar uma solução para os problemas do fugitivo. Por isso, em cada vilarejo que ele chegava, ia logo procurar o professor. O primeiro que procurou, perguntou:

— Filho, me conte. Que tipo de gente mora na cidade de onde você fugiu?

AUMENTE O PODER DO SEU SUBCONSCIENTE
PARA DESENVOLVER A AUTOCONFIANÇA E A AUTOESTIMA

— Ah, mestre — respondeu o menino, com ar de tristeza —, eles eram mesquinhos e cruéis. Quando eu estava doente, ninguém veio me visitar.

— Que pena, meu filho — disse o professor. — Aqui eles também são assim. É melhor você continuar andando.

Então o garoto fugiu para uma outra cidade e foi procurar o professor do lugar, que perguntou:

— Que tipo de gente morava na cidade que você deixou para trás?

— Ah, mestre, pessoas muito más, que bateram em mim, foram muito cruéis. Nem vieram me visitar quando fiquei doente.

— Filho, infelizmente aqui eles também são assim. É melhor você ir procurar outra cidade para morar.

O menino continuou indo de cidade em cidade, e a resposta do professor local era sempre a mesma.

— Aqui também está cheio de gente ruim, é melhor você procurar outra cidade.

Depois de muito caminhar de vilarejo em vilarejo, o menino começou a pedir a Dau (o nome de Deus na China) para orientá-lo no seu caminho, para ajudá-lo a encontrar seu lugar no mundo. Quando chegou a uma outra cidadezinha, foi procurar o professor e, desta vez, foi ele que perguntou:

— Mestre, que tipo de gente mora nesta cidade?

— Diga-me, filho, que tipo de gente morava na cidade de onde você fugiu pela primeira vez?

— Ah, mestre, as pessoas eram bondosas, educadas, me tratavam muito bem. Quando fiquei doente, foram me visitar, me levar sopa. E, quando eu disse que ira morar em outro lugar, elas me deram dinheiro. Eram pessoas maravilhosas, maravilhosas!

Então, o professor falou:

COMO LIDAR COM PESSOAS DIFÍCEIS

— As pessoas daqui são iguais a elas. Esta é a cidade ideal para você. Fique aqui.

Qual é a moral dessa história? Ela significa que encontramos a nós mesmos em todos os lugares que formos. Estamos sempre olhando para os outros através do conteúdo de nossa própria mente. Grupos e indivíduos ao longo dos séculos vêm prometendo criar utopias de todos os tipos, falando em viver em paz e harmonia, em lugares onde o amor reinará supremo, onde tudo será compartilhado etc. Ouvimos falar em comunismo, socialismo, vida em comunidades, realidades dos mais diversos tipos, que acabam terminando em conflitos e desgraça.

Se praticássemos a Regra de Ouro e a lei do amor, não precisaríamos de utopias ou paraísos na terra e tantas outras promessas dessa natureza. Se nos amássemos uns aos outros, se desejássemos ao nosso próximo o que desejamos para nós mesmos, não haveria ocasião para guerra, doenças e epidemias, não haveria necessidade de exércitos, marinhas, armas nucleares, canhões, soldados, nada. Seria o Céu na Terra. Só isso.

Muitos sabem qual é a Regra de Ouro, mas poucos a praticam. Essa verdade é ensinada há mais de dez mil anos, mas, infelizmente, as pessoas agem de acordo com seu condicionamento, de acordo com seus medos, ódios e preconceitos e veem o mundo por trás dessa tela embaçada. Quando, para piorar a situação, são governadas pela ignorância, o resultado são lutas e sofrimento. Quando Buda, em sua meditação, perguntou à Presença de Deus, qual era a causa de tanta miséria, crimes e sofrimentos na Índia, a resposta foi: "Ignorância."

A ignorância é o único pecado que existe; todo o sofrimento e miséria do mundo são consequências da ignorância. É verdade. E não é verdade porque Buda nos transmitiu esse conhecimento. É verdade porque é a pura verdade. A ignorância é o único pecado e todos os sofrimentos são consequência. Por sua vez, o conhecimento das leis da mente e a compreensão do modo como o Espírito atua produzirão saúde, felicidade, paz, abundância e segurança. Quando você afirma: "A infinita inteligência me guia e me orienta", Ela responde. Quando diz: "Estou sendo conduzido para a ação correta", Ela responde. Quando declara: "A infinita inteligência me revela meus talentos ocultos e abre uma nova porta para mim, por meio da qual me expressarei da melhor forma possível", Ela abrirá essa porta e ninguém poderá fechá-la. A natureza da infinita inteligência é atender, responder. O Espírito honrará, validará e executará tudo que você declara e sente ser verdadeiro. Quem aprende a se conectar com a mente mais profunda não sente inveja dos outros, porque tem a chave para obter tudo o que deseja. A ligação com a fonte acaba com a inveja, o ciúme e todos os sentimentos similares.

Um representante de vendas que trabalhava para uma grande indústria farmacêutica foi procurar um médico que conhecia bem para lhe apresentar um novo produto. O médico invariavelmente o recebia muito bem e estava sempre disposto a ouvir as informações sobre novidades na área da sua especialidade. Nesse dia, porém, a recepção foi muito diferente. Ele foi grosseiro a ponto de insultar o vendedor e não poupou críticas aos novos medicamentos e à indústria farmacêutica como um todo. O representante saiu da sala pálido, chocado com esse comportamento. Então a recepcionista explicou: "Não o leve a mal. Seu único filho morreu na mesa de operações na semana passada; os médicos tentaram de tudo, mas não conseguiram salvá-lo."

O representante se recompôs e expressou sua compreensão com o triste acontecimento. Note como a irritação e perturbação

COMO LIDAR COM PESSOAS DIFÍCEIS

emocional somem quando ouvimos falar da dor, tragédia e luto que outra pessoa sofre. O coração como que derrete um pouco e o afeto aumenta. O homem compreendeu e compreender tudo é perdoar tudo.

Há algum tempo li um caso sobre uma mulher que chamou a polícia e queixou-se de que seu marido a ameaçara com um revólver. Os policiais atenderam rapidamente ao chamado e fizeram uma busca na casa, mas não encontraram nenhuma arma. Marido e mulher tinham tido uma briga muito feia e ela, tomada pela emoção irracional, continuou afirmando que havia sido ameaçada de morte. O caso ganhou espaço nos jornais e a publicidade arruinou a carreira profissional do marido. A mulher se arrependeu de ter feito a falsa acusação, mas o dano já estava consumado. Isso é o que pode fazer uma emoção irracional. Os sentimentos negativos também ficam gravados no subconsciente e o impelem a dar- lhes forma externa. Mesmo que você queira ser gentil, age com grosseria; quando quer ser bem-sucedido, experimenta o fracasso. As emoções podem matar e podem curar. Um antigo ditado inglês diz: "Aquele que demora a se enfurecer muito consegue." A consciência de que existe um poder inesgotável no seu interior traz a paz. A força de um indivíduo é encontrada na serenidade e confiança de que existe um poder maior dentro dele.

Muitas pessoas são impelidas por paixões, raiva e ódio, e tornam-se vítimas das suas próprias emoções irracionais. No caso mencionado, a mulher prejudicou a reputação do marido e pagou muito caro por isso. Ela foi uma vítima da força irracional chamada raiva, que a compeliu a agir de uma forma desastrada. Quando sentimos uma forte emoção desse tipo, temos de nos perguntar: "A infinita inteligência e o divino amor estão falando e agindo através de mim?" Se a resposta for negativa, desista e sintonize-se com o poder maior, dizendo:

AUMENTE O PODER DO SEU SUBCONSCIENTE
PARA DESENVOLVER A AUTOCONFIANÇA E A AUTOESTIMA

A infinita inteligência é meu guia, meu conselheiro e me ajuda na resolução de todos os problemas. Sua paz enche minha alma. Essa presença é absoluta paz e harmonia dentro da minha mente mais profunda, que é o esconderijo do Altíssimo. Eu repouso sob a sombra do Todo-poderoso. Direi do Senhor: "Ele é meu refúgio, minha fortaleza, o Senhor em que confio." Minha mente subconsciente é um castelo inexpugnável, nada é capaz de derrubar suas muralhas. Nela vivo além do tempo e espaço, nela eu entro em sintonia com o infinito, que ali jaz em sorridente repouso. Sei que estar sozinho no silêncio é estar com Deus. Essa divina contemplação vence todas as emoções negativas e me cura de todos os males.

Não temos como conhecer as complexidades das vidas de pessoas difíceis, porque não sabemos como foi sua criação na infância, seu grau de estudo, seus tabus e restrições religiosas, o seu condicionamento; em suma, que resultou em uma personalidade hostil. Milhões de mentes foram condicionadas a ter ódio de pessoas com religiões diferentes das suas. É incrível o número de disputas e guerras em todo o mundo por causa da religião. Entretanto, a religião deveria nos dar alegria, paz e felicidade, pois em Deus existe alegria plena, paz total e felicidade eterna. Não precisamos pedir nada; se nos ligarmos a Ele, teremos todos os frutos do espírito, que são amor, alegria, paz, bondade, gentileza, fé, humildade e felicidade. Todas essas qualidades estão dentro de nós, dando-nos a oportunidade de estar sempre irradiando amor, paz e benevolência para toda a espécie humana.

Quando vamos a um jardim ou bosque, é comum vermos fileiras de árvores eretas e, entre elas, uma toda retorcida ou inclinada para um lado. É difícil descobrir o que deu origem a

COMO LIDAR COM PESSOAS DIFÍCEIS

essa discrepância. Talvez houvesse ali uma cerca quando ela foi plantada, ou uma pedra encoberta pela terra, ou, ainda, alguém poderia ter se encostado ou sentado nela quando não passava de um arbusto. O fato é que agora a causa desapareceu, mas o efeito permanece. Isso é que acontece com pessoas com mentalidade distorcida. A causa pode estar na sua infância. Em algumas partes do mundo, os católicos são ensinados a odiar os protestantes e vice-versa. Esse exemplo me faz lembra de uma anedota sobre um irlandês que foi para a Irlanda do Norte e ali permaneceu por alguns meses. Quando voltou, perguntaram-lhe como estava a situação naquela área de conflito.

— Sabe... — começou o homem, com um ar confuso — os católicos odeiam os protestantes. Meninos de sete anos atiram pedras nos soldados. Meninas de sete e oito anos já aprendem a jogar granadas nos protestantes, e muitos protestantes atiram em católicos e católicos atiram em protestantes. É algo assustador. Gostaria que fossem todos ateus para poderem viver juntos com civilidade. Talvez essa história não seja verdadeira, mas mostra muito bem a força do condicionamento, do estado de espírito. Há quantos séculos muçulmanos e hindus lutam entre si? Quantas guerras religiosas explodiram no mundo? A verdadeira religião tem de trazer alegria, deve criar um vínculo com um Deus de amor.

Quando um Deus de amor é entronizado em nossa mente, ele domina todos os outros pensamentos, emoções, crenças, ações e reações, e isso é demonstrado nos mais diversos aspectos de nossa vida. A presença de Deus se reflete em nosso corpo, lar, conta bancária, relacionamento com as pessoas, arte, ciência e engenhosidade.

Pessoas com mentalidade distorcida frequentemente atacam os que foram mais atenciosos e bondosos com elas, porque no fundo

AUMENTE O PODER DO SEU SUBCONSCIENTE
PARA DESENVOLVER A AUTOCONFIANÇA E A AUTOESTIMA

sentem inveja deles e a serenidade e tranquilidade alheias atiçam sua perturbação e inquietação. Gostariam de puxar todos para o seu próprio estado de espírito negativo. "Por que eles são felizes e pacíficos quando eu sou tão miserável, tão sofredor?" Quando tentamos conscientizá-las do seu modo de agir, elas negam, é óbvio, mas essa é a absoluta verdade. A miséria adora companhia. Por isso, nunca se deixe envolver pelas vibrações mentais negativas dos outros, não se permita arrastar para baixo, porque você será contaminado por elas.

"Não julgueis para não serdes julgados... pois com a medida que medirdes sereis medidos também" (Lc 6, 37). Todos nós podemos evitar sofrimento mental, ansiedade e tensão, e devemos cessar de fazer julgamentos mentais. Há dois mil anos, o imperador Marco Aurélio afirmou: "Onde não existe opinião, não há sofrimento; onde não existe julgamento, não existe dor."

Você é a causa do seu próprio sofrimento. Suponhamos que eu esteja usando uma meia branca e uma preta e, ao ver meus pés, você fica perturbado. Quem está perturbado? Você. Eu talvez nem esteja consciente de que cometi esse engano. Você tem o direito de ter opinião. Se um fruto é amargo, não coma; se há troncos caídos na estrada, desvie deles.

Se você costuma ficar agitado ou nervoso ao ouvir uma notícia no rádio ou ler um artigo de jornal, antes de mais nada precisa entender que o jornalista tem o direito de escrever o que deseja. Você poderia mandar-lhe uma carta mal-educada, acusando-o de ser partidário e insinuando que é corrupto, sem explicar por que discorda dele. Entretanto, essa seria uma atitude imatura em termos emocionais, porque o certo seria compreender que ele escreveu a partir do seu próprio ponto de vista e saber que você tem todo o direito de discordar de sua opinião. Não é errado escrever

200

COMO LIDAR COM PESSOAS DIFÍCEIS

a jornais, legisladores ou secretários de justiça para pedir mais policiamento, por exemplo, e leis mais duras contra criminosos, mas suas cartas devem apresentar sugestões construtivas.

Quem se deixa abalar diante de opiniões discordantes está procurando encrenca. Ao assistir uma conferência, não seja o primeiro a tentar desinflar o ego do palestrante ou dos seus partidários, mesmo que estejam defendendo ideias reconhecidamente tolas, porque qualquer crítica grosseira geraria hostilidade. Se você sente que tem de expressar sua discordância, diga algo como: "Suas ideias são interessantes e devem ser melhor investigadas. Eu, porém, penso que [...]. Essa é minha ideia e talvez não seja tão boa quanto a sua, mas é o modo como encaro a situação." Agindo dessa maneira, você está respeitando os outros e, na maioria das vezes, será respeitado pela sua atitude equilibrada. Somos todos filhos do Altíssimo e o Deus vivo está em todos os seres humanos. Não tente impingir suas ideias sobre outras pessoas, sejam seus familiares ou não, dizendo: "É nisso que eu acredito e você também tem de acreditar. É minha opinião e você tem de aceitar." Essa atitude só causa ressentimento e antagonismo, e não traz bem nem a você, nem aos outros. Respeite todos como seres humanos e procure entender que eles estão agindo de acordo com seu nível de mentalidade.

Uma mulher veio me procurar, queixando-se de que seu marido, ao voltar para casa depois do trabalho, implicava com tudo, com seu cabelo, a roupa que vestia, a comida e o modo como estava criando os filhos. Ela acabava chorando copiosamente e percebia que o homem parecia ter um prazer sádico diante das suas lágrimas. Ele exercia uma tirania emocional e queria impor seu modo de pensar, sem aceitar contestações. O choro da esposa lhe dava a resposta que queria. Ora, ninguém tem de se ajoelhar diante de gente desse tipo. Eu disse à mulher:

— Está na hora de você acordar. Diga ao seu marido que você nunca mais se deixará aborrecer pelas suas críticas. Quando ele começar, volte-se para o eterno, que é seu guia e protetor. Vá passar o aspirador na sala ou cuidar do jardim. Sintonize-se com o infinito, que vive no coração de todas as pessoas.

Não era o que o marido dizia que a magoava, mas sim o movimento dos seus próprios pensamentos. Devia haver em sua mente subconsciente uma sensação de inadequação, de insuficiência, que a fazia concordar com as críticas, o que ela expressava por meio de lágrimas, deixando o marido muito satisfeito, porque estava impondo suas ideias e vendo-as serem aceitas. Ensinei-lhe que as sugestões, afirmações e atos dos outros não têm poder de nos magoar, a não ser que lhes demos permissão para isso. Para se livrar de qualquer sensação de inadequação para cumprir uma meta, como a de ser uma boa mãe de família, deveria encher sua mente com a paz de Deus e confiar em Sua presença no seu coração.

Existem pessoas que têm prazer em serem magoadas pelos outros. Contam que uma mulher de Londres vivia apanhando do marido, que chegava bêbado em casa e a agredia sem motivo.

Uma vez a agressão foi tão forte que o homem foi preso. No julgamento, o juiz perguntou à mulher:

— A senhora tem alguma coisa a dizer antes de pronunciarmos a sentença do seu marido?

— Ah, meritíssimo. Eu amo demais esse homem e tenho certeza de que ele também me ama.

— A senhora pode não saber o que é amor, mas a Inglaterra sabe; ela não ama seu marido. Eu o sentencio a três anos de detenção.

O amor não castiga, o amor não dá origem a gestos de maldade. Essa pobre mulher odiava a si própria e aceitava os castigos do

COMO LIDAR COM PESSOAS DIFÍCEIS

marido, como aceitaria de qualquer outra pessoa. O amor dá, o amor liberta, porque é o Espírito de Deus. A paz, harmonia, alegria, benevolência, bondade, honestidade e justiça são filhas do amor. Quem ama alguém, tem prazer em ver essa pessoa alegre, feliz e livre, e por isso não a critica acerbamente, não ofende, não caçoa. É óbvio também não a agride fisicamente. O amor é Deus, Deus é amor. Quem ama o outro tem de respeitar a presença de Deus que está dentro dele e dizer: "O que é verdadeiro para Deus é verdadeiro para essa pessoa." Isso é amor.

Há pessoas que adoram alfinetar os outros com palavras sarcásticas ou embaraçosas. Por que agem dessa maneira? Porque são frustradas, têm baixa autoestima e sentem-se insuficientes ou inadequadas. Parecem obter uma mórbida satisfação quando veem sua vítima constrangida diante dos outros. Mas, quem tem a certeza de que Deus habita em seu ser, não se deixa magoar ou envergonhar. Diante de uma pessoa desse tipo, diga para você mesmo: "Deus habita em mim; anda e fala dentro de mim. Deus é o meu guia." Agindo dessa forma, você fica imunizado contra os que desejam prejudicá-lo, porque as sugestões alheias não têm poder para criar as coisas que ameaçam fazer.

Você é protegido pelo princípio vital, que o anima e sustenta, que continua cuidando do seu organismo mesmo durante o sono mais profundo. O corpo não faz nada, ele se move como é movido. Quando você caminha pela rua, é o Espírito que está andando. Quando levanta uma cadeira, é o Espírito que está fazendo esse gesto. Deus é o grande progenitor, o poder criativo, o único poder que existe. Ninguém é maior do que Ele, por isso não existem causadores externos dos problemas que você enfrenta.

Alguém procura despertar sua agressividade? Alguém está sempre menosprezando seu modo de pensar? Um homem disse a

Will Rogers, ator e comediante, com ar de superioridade: "Sabe, um dos meus antepassados chegou aos Estados Unidos no primeiro barco dos colonizadores, o Mayflower." Rogers sorriu: "Ah, é? Bem, meus antepassados estavam na praia, esperando por eles." Como esses dois, você também deve ter orgulho da sua herança espiritual, da divindade que modela sua vida, de Deus, Pai, de todos nós. Dentro de mim, de você, de qualquer outra pessoa, estão todos os poderes de Deus. Eles estavam nítidos em pessoas como Lincoln, Edison ou Marconi, em Helen Keller ou madre Teresa de Calcutá. Por isso, os honramos com monumentos, repetimos suas palavras e ensinamos nossos filhos a admirá-los. Eles ofereceram seus talentos para o bem da humanidade. Você também pode contribuir, irradiando amor, paz e benevolência para todos os seres humanos, mas não exija nada em troca, não espere agradecimentos. Sua única expectativa deve estar voltada para Deus, que jamais o desapontará. Você ganhará o que espera, por isso, pode esperar orientação, harmonia, saúde, paz, alegria, segurança e abundância, todas as inesgotáveis riquezas do Todo-poderoso. Entenda que você pode esperar coisas maravilhosas, porque todas as coisas já estão criadas em sua própria mente.

Viva na esperançosa alegria de receber o melhor e tudo de bom virá a você, porque sempre conseguimos o que desejamos.

Liberte da sua mente as pessoas que querem magoá-lo ou são incapazes de compreendê-lo. Deseje a todas elas saúde, felicidade, paz e todas as bênçãos do céu.

Quando você está lidando com pessoas difíceis, está tendo problemas em conviver com elas, diga: "Eu liberto todas elas (fale seus nomes) e as devolvo ao infinito que as criou. A presença de Deus em mim tira essas pessoas de minha vida e eu da vida delas dentro da divina ordem, através do divino amor."

Os caminhos de Deus são sempre agradáveis, sempre pacíficos. Tudo é possível para quem acredita no poder de Deus, mas, infelizmente, existem pessoas que acreditam em ideias totalmente erradas e, por consequência, sofrem de acordo com suas crenças. Por exemplo, se acredita que Los Angeles fica no estado da Califórnia, a carta que você mandar será extraviada. Acreditar é aceitar algo como verdade e viver dentro dessa verdade.

Acredite na bondade de Deus presente aqui, no mundo dos vivos; acredite na orientação e proteção do infinito; acredite nas riquezas inesgotáveis do infinito; acredite em um Deus de amor que o protege, sustenta e fortalece e, de acordo com sua crença, você receberá.

Resumo do capítulo

- O melhor modo de conviver com os outros é saudar a divindade nessas pessoas, convencendo-se de que cada ser humano é uma amostra da raça humana.
- Quando você honra a divindade que o faz respirar, que rege seu metabolismo, sua circulação e todas as fases de sua vida, ela atende seus pedidos. Respeitando a divindade em você, automaticamente, respeitará sua presença nos outros.
- A paz é o poder que está no coração de Deus. O infinito está esperando pelas nossas preces e clamores em sorridente repouso. É só o finito que sofre, porque nele, que é sua própria mente racional, é que está o problema. Nas profundezas do seu ser, existe absoluta harmonia e bem-aventurança.
- Irradie amor e boa vontade para todos; não custa nada e rende fabulosos dividendos. Conscientize-se de que uma pessoa

bem ajustada psicologicamente não age de maneira hostil, belicosa, antagônica e amarga.

- O único pecado que existe é a ignorância. O conhecimento das leis da mente e do modo como o Espírito atua lhe trará saúde, felicidade, paz, abundância e segurança.

- A verdadeira religião é aquela que lhe dá alegria. O fiel tem de se sentir ligado a um Deus de amor. Por isso, quando um Deus de amor é entronizado em sua mente, ele domina todos os outros pensamentos, emoções, crenças, ações e reações. Essa é a religião ideal e seus frutos são amor, alegria, paz, delicadeza, bondade, fé, humildade e felicidade.

- Se você está lidando com pessoas difíceis que poderão lhe causar problemas, fale:

Liberto todos [diga os nomes] para voltarem ao infinito que os criou. A presença de Deus os tira de minha vida e me tira da sua vida dentro da divina ordem e através do divino amor.

- Acredite na bondade de Deus presente aqui, no mundo dos vivos. Acredite na orientação do infinito, nas riquezas do infinito; acredite que há um Deus de amor cuidando de você, sustentando-o e fortalecendo-o, e, de acordo com sua crença, receberá.

CAPÍTULO 11
Fernão Capelo Gaivota: os paralelos com o pensamento científico

Anos atrás, um livro contando a história de uma gaivota, *Fernão Capelo Gaivota*, tornou-se sucesso instantâneo. O autor, Richard Bach, piloto de profissão, usa a linguagem da aeronáutica para transmitir suas ideias sobre a espiritualidade. O pequeno livro, com menos de cem páginas, é uma delícia de se ler e mais tarde foi transformado em um filme igualmente agradável.

Um pássaro tem duas asas, que simbolizam o pensamento e as emoções, os agentes divinos que movimentam e modelam o destino, pois nossos pensamentos e emoções controlam toda nossa vida. Cada pensamento percebido como verdadeiro é incorporado à mente subconsciente e se concretiza sob a forma de experiências, condições e eventos de nossa vida. Essa é a lei da mente, imutável e eterna, como qualquer princípio e lei da ciência.

Todos temos as asas da imaginação e da fé, o que nos permite sobrevoar o problema e contemplarmos as coisas como deveriam ser. Podemos contemplar a solução divina, o final feliz, com a certeza de que a resposta já está pronta em nosso interior, na suprema inteligência que mora em todos os seres humanos.

A Bíblia diz: "Eu te carreguei em asas de águia e o trouxe para mim." Quando ocorre um furacão, tornado, monção ou qualquer tempestade violenta, a águia sobe para além das nuvens até

AUMENTE O PODER DO SEU SUBCONSCIENTE
PARA DESENVOLVER A AUTOCONFIANÇA E A AUTOESTIMA

encontrar o sol e ali permanece, calma e equilibrada. Quando a tempestade amaina, ela volta para a terra. A águia é o símbolo dos Estados Unidos e é um importante personagem no livro, porque a gaivota a vê como um exemplo do que ela gostaria de ser. O autor quis nos lembrar de que em tempo de guerras, confusão e sofrimento etc., devemos nos voltar para o Deus interior para sermos capazes de nos elevar, indo bem além das nuvens para contemplarmos a harmonia, saúde, paz, alegria e inspiração, que são o pão que vem do céu.

É por isso que oramos: "O pão nosso de cada dia nos dai hoje." Estamos pedindo pelo pão da paz, da harmonia, da alegria, o pão da sabedoria, da força e da inspiração. Não ansiamos apenas pelo pão em nossa mesa, precisamos desses outros pães para nos alimentar. Jamais sentiremos fome de sabedoria, verdade e beleza se contemplarmos a presença de Deus em nós, recorrendo a Ele para nos orientar e dirigir.

Procure a presença interior, peça inspiração, ação correta, beleza, amor, paz e abundância, e Ela responderá. "Clame por mim e Eu atenderei."

Esse é o conhecimento que está na base do livro de Richard Bach, que usou sua imaginação, a oficina de Deus, para contar a história de uma ave corajosa e persistente nos seus objetivos. É lógico que se trata de uma fantasia, uma fábula, como as Fábulas de Esopo ou a história do Chapeuzinho Vermelho, em que os animais pensam e falam para nos transmitir um ensinamento, a "moral" da história. Esse tipo de lição também é encontrado nas lendas de Aladim e a Lâmpada Maravilhosa, de Papai Noel e da fada madrinha, personagens importantes de muitas histórias infantis.

Essas histórias são alegorias, e alegorias ou parábolas (como são chamadas na Bíblia) vêm sendo usadas há milênios por todas as culturas para ensinar as grandes verdades para o povo menos letrado. Uma lenda muito antiga explica esse fato:

A VERDADE entrou na cidade completamente nua (daí a expressão, "a verdade nua e crua"). Os habitantes a ignoraram e não lhe deram permissão para entrar em suas casas (suas mentes). Um dia, a Verdade foi procurar sua irmã, a ALEGORIA, que veio abrir a porta usando roupas belas e coloridas. A VERDADE queixou-se: "Minha irmã, a situação está péssima. Ninguém mais me cumprimenta, nem me convida para sua casa. Acho que é porque estou muito velha." A ALEGORIA respondeu: "Não é esse o motivo. Eu também sou muito velha, mas quanto mais velha eu fico, mais as pessoas gostam de mim. Deixe-me ajudá-la." Ela vestiu a VERDADE com suas próprias roupas coloridas e elegantes, e mandou-a voltar para a cidade. E, daí em diante, a VERDADE foi recebida com prazer e convidada a entrar em todas as casas.

As verdades, sob a forma de alegorias, foram usadas para dramatizar o nascimento de reis e princesas, para transmitir a sabedoria de profetas e visionários e os milagres de Deus.

Quando a águia está com fome, ela sai voando e vai a um lugar onde existe alimento, não se deixa conter pelo seu ambiente. Essa figura de linguagem nos lembra que somos seres transcendentais, não limitados pelas nossas condições externas ou ambientais. Na terapia da prece ensinamos as pessoas a elevarem sua consciência para se colocarem acima do problema porque, se conseguirem se distanciar dele, encontrarão uma solução. Elas precisam tirar a atenção do problema, para poderem se concentrar serenamente na suprema inteligência, no infinito poder e infinita presença, que

AUMENTE O PODER DO SEU SUBCONSCIENTE
PARA DESENVOLVER A AUTOCONFIANÇA E A AUTOESTIMA

conhece todas as respostas. Isso é voar para um elevado estado de conscientização.

O eterno, o onisciente, o onipresente, o que sempre se renova, o que sempre se perpetua está dentro do você. Contemplando as grandiosas verdades que estão dentro do seu ser, você receberá a elevação mental necessária para entender que o infinito tudo sabe, tudo resolve. "Antes de serem criadas, Ele conhecia todas as coisas." (Ec 23,20).

"Peça e receberás." Essa afirmação demonstra que a natureza, a característica da infinita inteligência é responder. Ela é impessoal e não faz diferença entre seus filhos. Existem muitas pessoas que conseguem solucionar os mais difíceis dos problemas afirmando com toda a certeza e amor: "Deus enche minha alma. Ele está me guiando agora, me revelando tudo o que preciso saber em todas as ocasiões e em todos os lugares." Pouco a pouco, a consciência do divino amor satura todo o seu ser.

O *I Ching*, o livro chinês da sabedoria, diz: "Tome conta da vaca." É óbvio que não podemos levar essa afirmação ao pé da letra. A vaca é um antigo termo para denominar a mente subconsciente. Tomar conta da mente é enchê-la de ideias positivas para erradicar os modelos negativos que se instalaram nela, porque à medida que as verdades de Deus vão se impregnando na mente mais profunda, tudo o que é diferente delas é expulso.

Muitas afirmações encontradas no *I Ching* são alegorias, e no mundo todo existem milhares de histórias, mitos e lendas para ensinar as verdades. O mito do Papai Noel, por exemplo, exerce grande atração sobre as crianças. Elas têm dificuldade de entender ideias abstratas e preferem coisas tangíveis, algo que poderiam ver e tocar, como o homem barbudo e sorridente que recompensa seu bom comportamento com presentes. Por isso, é errado roubar-lhes

FERNÃO CAPELO GAIVOTA: OS PARALELOS COM O PENSAMENTO CIENTÍFICO

essa ilusão muito precocemente, porque mais cedo ou mais tarde entenderão que Papai Noel é a presença de Deus em seu interior.

Na Bíblia está escrito que o marido é a cabeça da mulher. É óbvio que isso também é uma figura de linguagem. A mulher, no Livro Sagrado, significa a mente subconsciente e o marido é a mente racional ou consciente. Em termos psicológicos, isso é uma verdade absoluta, mas não vale quando se fala do mundo físico, de homens e mulheres. O consciente é mesmo controlado pela mente racional; o subconsciente aceita todas as sugestões sem contestar e obedece às ordens do "dono", indo para onde ele mandar.

O capitão de um navio dá ordens para a equipe que trabalha na sala das máquinas. Sejam quais forem suas instruções, eles o obedecerão sem discutir. Sua mente consciente é o capitão da sua vida. Quais são as ordens que você está dando para o seu subconsciente? O Jardim do Éden também é uma alegoria, na qual sua mente racional é o jardineiro e o subconsciente, o solo. O que você está plantando no seu jardim? Lembre-se de que as sementes geram plantas da sua própria espécie. Se você está pensando em harmonia, saúde, paz, beleza, amor, inspiração e orientação, seu jardim será luxuriante e nele crescerão as mais belas das flores. Você colhe o que semeia.

Se está desejando saúde, precisa dedicar toda sua atenção, devoção e lealdade à presença curadora que habita o seu ser, tendo plena consciência de que ela o criou, sustenta e continuará a sustentá-lo, e conhece todos os processos e funções do seu organismo. Assim, quando clamar a esse milagroso poder pedindo saúde, ele curará, restaurará, revigorará, limpará e transformará todo o seu ser. Você terá de fazer sua parte, certamente, em termos objetivos. Procurará um médico e o abençoará, com a percepção de que ele também é uma criatura de Deus e será guiado por Ele para curá-lo.

Fernão Capelo Gaivota não queria ser mais um no bando, não queria ser igual a todas as outras gaivotas. A lei das médias é a lei dos rebanhos, das matilhas. Ele queria voar acima de todos os seus iguais, não aceitava apenas seguir barcos, comer peixe e viver como eles. Sentia que havia algo maior e mais grandioso que poderia realizar. Mas, em um de seus primeiros voos para mais alto, ele "estolou" e caiu. "Estolar", em termos aeronáuticos, é o afogamento e parada do motor em pleno ar.

Os fracassos são as pedras que formam as escadas que levam ao sucesso. Quando você era pequeno e frequentava a escola, todos sabiam que cometeria erros, por isso, havia sempre uma borracha do seu estojo. Foi por meio dos seus erros que você aprendeu a ler e escrever, e saiu das trevas da ignorância para a luz do conhecimento. Fernão Capelo Gaivota não desanimou. Estendeu as asas e decidiu tentar, tentar e tentar de novo. Acima de tudo, a gaivota adorava voar.

Dizem que um sucesso apaga todos os fracassos. Contam que 999 inventos de Thomas Edison falharam até que o último foi bem-sucedido. É certo dizer que todos eles fracassaram? Não. Eles mostraram a Edison que não precisaria repetir 999 procedimentos. Foram pedras sobre as quais ele pisou até alcançar o triunfo. Os fracassos foram seus companheiros de armas durante a jornada.

Se você adora matemática, ela lhe revelará seus princípios e segredos; se gosta da eletricidade, como Edison gostava, ela lhe revelará seus segredos; quem de fato ama a música vai se empenhar nos estudos para se tornar um músico competente. Fernão Capelo adorava voar. Você também pode voar para as dimensões mais elevadas da sua mente. Quando começar a amar e dedicar toda a sua atenção e lealdade à presença divina, irá para muito acima do problema, destacando-se da mente das massas e deixando de

FERNÃO CAPELO GAIVOTA: OS PARALELOS COM O
PENSAMENTO CIENTÍFICO

viver de acordo com a lei das médias. Não será mais um membro do bando, do rebanho ou da matilha.

Fernão não entendia porque quando voava em altitudes menores do que a metade da sua envergadura, ou seja, a medida entre as duas extremidades externas das asas, conseguia ficar no ar por mais tempo e menos esforço. Suas aterrissagens não terminavam da maneira usual de todas as gaivotas, esticando os pés para tocar o mar e borrifando água para todos os lados, parando bruscamente. Ele descia devagar e mal formava uma onda quando tocava o mar. Sua mãe o admoestava por não querer ser igual às outras gaivotas e estar imitando os movimentos de albatrozes e pelicanos, mas Fernão dizia que queria aprender a fundo a arte de voar. De fato, o que Fernão desejava era se destacar da multidão, erguer a cabeça para ver e saber mais. Mas, infelizmente, quem se destaca da multidão encontra um número enorme de pessoas dispostas a atirar pedras na sua cabeça. Enquanto alguém estava afundado no pântano e lama da vida, ninguém prestava atenção na sua pessoa. Isso mostra que é a imaginação que separa uma pessoa da outra, ela é o farol num mundo de trevas. Emerson disse que quando alguém é um inconformista, o mundo inteiro se dispõe a açoitá-lo. E quem quer se conformar? Todos os grandes empreendedores, sejam cientistas, artistas, inventores, criadores de novas filosofias e religiões eram inconformistas e fizeram inestimáveis contribuições para a humanidade, como Pasteur, Newton, Carver ou Einstein. Einstein, por exemplo, não se conformava com a crença sobre a mecânica do universo da sua época e tinha certeza de que este mundo era feito de frequências, densidades e intensidades, sendo parte de um universo vivo e dinâmico. Muitos anos depois das suas ideias serem comprovadas, ele disse que a maior experiência que poderíamos ter no mundo era uma experiência mística, a comunhão com Deus.

AUMENTE O PODER DO SEU SUBCONSCIENTE
PARA DESENVOLVER A AUTOCONFIANÇA E A AUTOESTIMA

George Washington Carver foi um homem escravizado e sua atribuição era carregar os livros do seu amo. Ele, porém, tinha um sonho, uma visão. Nós vamos para onde vai nossa visão, que é um quadro mental ao qual dedicamos nossa atenção, reforçando-o continuamente. Carver queria estudar, queria ser alguém, sonhava em ser cientista — e tornou-se de fato um cientista de renome, honrado pelo seu país. Ele foi o inventor da manteiga de amendoim, que salvou da desnutrição milhares de pessoas nos Estados Unidos, principalmente os moradores das regiões mais afetadas pela Guerra Civil. Ele gostava de contar uma história sobre si mesmo:

— Por que o Senhor fez Carver? — perguntou a Deus.

— Ora, George Carver, você ainda não está pronto para essa resposta — respondeu Deus severamente.

— Então, Deus, por que o Senhor criou o mundo?

— George, você também não está pronto para essa resposta.

— Então, Deus, por que o Senhor fez o amendoim?

— Agora sim, rapaz, você está pensando em algo do seu tamanho.

George Washington Carver, além da manteiga de amendoim, desenvolveu 500 compostos a partir da humilde leguminosa.

Emerson, o filósofo, disse que Deus caminhava e falava em nossa mente e que a chave para a realização pessoal são nossos pensamentos. Ele, que também se destacou da massa, teve de enfrentar muita incompreensão. Por trinta anos foi impedido de fazer palestras em Harvard, porque nas primeiras vezes que esteve lá chocou os intelectuais contando a verdade sobre o poder do pensamento.

Marconi decidiu explorar as misteriosas ondas sonoras que estão à nossa volta, mas não conseguimos ouvi-las, e deu-nos uma invenção extraordinária, a telegrafia sem fio. Sabe que seus

FERNÃO CAPELO GAIVOTA: OS PARALELOS COM O PENSAMENTO CIENTÍFICO

parentes fizeram a ele? Acusaram-no de ser louco e o internaram num hospício, onde usou uma camisa de força por um mês e meio. Apesar das adversidades, ele desenvolveu a técnica que permitiu a comunicação a longa distância.

Edison sonhava em iluminar o mundo. Quando era pequeno, porém, foi solicitado a deixar a escola. Disseram à sua mãe que era burro demais para aprender, que os colegas caçoavam dele, causando muita perturbação na classe. Ele e sua mãe não se deixaram abater. Edison, o inventor da lâmpada incandescente, de fato realizou seu sonho de levar luz artificial a todos. Desenvolveu o fonógrafo e obteve mais de mil patentes de aparelhos elétricos. Uma vez afirmou que jamais havia inventado nada, que as ideias vinham a ele do fundo da sua mente e apenas as alimentava e sustentava. E o caminho abriu-se para Thomas A. Edison.

Fernão Capelo Gaivota persistiu no seu sonho, mas seu pai o fez entender que o inverno estava para chegar e que as gaivotas teriam dificuldade de obter comida. "Jamais esqueça que as gaivotas voam para comer."

Durante algum tempo, Fernão tentou se comportar como as outras gaivotas, agindo da forma como os pais queriam, gritando e lutando por um peixe, mergulhando para pegar restos de pão. Mas aquilo não lhe dava satisfação, porque estava perdendo tempo agindo como seus pares quando havia tanto a aprender sobre a arte de voar.

Assim como Fernão recusava-se a desistir do seu sonho, você também não deve esquecer do seu. Estamos aqui para nos elevar, transcender, crescer e não para nos conformar. Em uma classe de ensino fundamental, pode haver crianças capacitadas para serem um Einstein, um Marconi, uma Madame Curie, uma Madre Teresa... Por que deverão se conformar com o status quo da nossa sociedade? Somos todos diferentes, seres únicos. Não temos as mesmas impressões digitais, as mesmas orelhas, o mesmo sistema glandular, as mesmas ideias, sonhos e aspirações. Você é completamente diferente de qualquer outra pessoa deste mundo, é único porque Deus jamais se repete. Então, por que aceitar ser igual a todos os outros?

Muitas pessoas vão à igreja no domingo, porque querem ser vistas cumprindo uma obrigação, "fazendo o que é certo". Perguntei a um homem que saía de um culto: "Você acredita em tudo o que ouviu?" A resposta foi: "É certo que não, mas aqui é um lugar onde devemos ser vistos." Quanta hipocrisia! Não é por acaso que existem tantos complexos relacionados com a religião.

São atitudes desse tipo que criam complexos. Não acredite em nada que sua mente, tanto consciente como subconsciente, não consegue aceitar. Não acredite em mentiras nem em nada que insulte a sua inteligência. Imagine que está guardando essas ideias em um armário, pensando: "Não entendi bem isso, mas o Espírito da Verdade que vive em mim tudo sabe e, quando for necessário, me revelará todas as respostas."

Fernão tentou vários métodos em seu voo e acabou concluindo que a resposta era a velocidade. Com uma semana de treino, ele já sabia mais sobre velocidade do que a mais rápida gaivota do mundo. Perceba que ele jamais parou de tentar. Quem persevera é bem-sucedido. Os membros do programa espacial dos Estados Unidos que pretendiam levar o homem à Lua tiveram de lutar contra muitos obstáculos, mas insistiam em sua visão e esses fracassos foram os degraus que os levaram ao triunfo. A persistência afia nossos instrumentos mentais e espirituais, e por meio dela avançamos na vida. Portanto, se você enfrentar revezes, não os encare como fracassos.

FERNÃO CAPELO GAIVOTA: OS PARALELOS COM O PENSAMENTO CIENTÍFICO

Fernão teve sérios problemas nos seus voos em alta velocidade. De tanto tentar, suas asas estavam em frangalhos e pesavam como se fossem barras de chumbo, mas o maior peso era o do fracasso. Ele chegou a pensar em encontrar uma corrente de ar que o levasse para baixo suavemente, até se estatelar no chão e terminar com tudo. Sim, há pessoas que quando se defrontam com os obstáculos, resolvem desistir do seu sonho. Em desespero, dizem a si próprios: "Não adianta. Cheguei ao fundo do poço." Às vezes chegam até a pensar em suicídio. Mas, agora que chegamos ao fundo, só têm uma coisa a fazer: subir.

Pessoas com tendências suicidas estão procurando uma solução, desejam se libertar de alguma coisa. Mas quem pula de uma ponte não resolve nenhum problema. Ninguém resolve um problema tentando fugir dele, porque para onde for, sua mente irá junto. O problema está na mente e é nela que tem de ser resolvido. Você não é o seu corpo, é um ser transcendental e não pode ser limitado por ele.

Fernão resolveu se conformar em ser mais uma gaivota, com todas suas limitações, e atender os desejos dos seus pais. Subiu decididamente até a altura normal para sua espécie, firme no propósito de parar de dar ouvidos à voz que o impelia a ir mais alto.

Mas dentro de nós existe sempre uma voz nos impelindo a progredir, dizendo: "Suba mais alto. Eu preciso de você", porque a presença de deus procura a expressão por meio dos nossos atos. Fernão continuava voando calmamente, repreendendo-se por querer enxergar à noite, como se fosse uma coruja, e atingir velocidades só atingidas pelos falcões. Falcões foram feitos para isso; têm asas curtas que... Esse pensamento fez esquecer as promessas que tinha feito a si próprio. Dobrou as asas para voar só com as pontas e foi sendo levado por um grande e rápido vento. Vento, em termos bíblicos, é o Espírito interior.

AUMENTE O PODER DO SEU SUBCONSCIENTE
PARA DESENVOLVER A AUTOCONFIANÇA E A AUTOESTIMA

Ele não experimentou um sentimento de culpa por ter quebrado sua promessa de tentar ser igual às outras gaivotas, porque decisões desse tipo só são boas para quem aceita se tornar mais um na multidão. É melhor quebrar uma má promessa do que mantê-la. Fernão insistiu no melhor e o melhor lhe aconteceu.

Ele atingiu uma velocidade muito maior do que a obtida por qualquer ave e voou diretamente para o meio do banco de gaivotas, de olhos fechados, a mais de trezentos quilômetros por hora. Sentia a gaivota da sorte sorrindo para ele e a sensação era maravilhosa. Uma nova dimensão da mente se abriu para ele.

Quando você reza, torna-se também um pássaro extraordinário e vai a alturas inusitadas, afastando-se do problema ou dificuldade e entregando-se à presença de Deus, indo para o Esconderijo do Altíssimo, onde anda e conversa com Deus. Você agora está no Paraíso. É onde você realmente vive, por que agora é um espírito. Portanto, enquanto contempla o onisciente, o amor ilimitado, a absoluta harmonia e infinita sabedoria, surge a solução divina, o final feliz. O sol passa a brilhar para você, afastando qualquer sombra.

Fernão descobriu que havia muito mais na vida do que acompanhar as outras gaivotas, fazendo voos curtos em torno dos barcos de pesca para conseguir restos de peixe ou pão dormido. Nós podemos sair da mesmice, da ignorância e nos tornarmos criaturas mais inteligentes e habilidosas. Podemos aprender a voar bem alto, ser livres. A gaivota esperava ser aplaudida, honrada por ter se destacado do resto do bando, mas só encontrou reprovação. Todos lhe viraram as costas, embora Fernão pedisse uma oportunidade para lhes ensinar uma nova razão para viver, sobre a nova vida que encontrara.

FERNÃO CAPELO GAIVOTA: OS PARALELOS COM O
PENSAMENTO CIENTÍFICO

Creio que você conhece bem essa atitude. Estou em constante contato com pessoas que mudaram seu modo de pensar e agora estão ligadas à Unidade ou Ciência de Mente e outros grupos que estão estudando as leis da mente descobrindo que Deus é impessoal e não faz discriminação de pessoas. Para Ele, não existe grego ou judeu, homem ou mulher, agora e ontem, somente o fluxo interminável da realidade.

A presença interior não sabe nada sobre credos, cristianismo, islamismo ou judaísmo ou qualquer coisa parecida. É comum pessoas acreditarem piamente que só elas têm a resposta, só elas sabem qual é a religião certa. Muitos membros da minha congregação vêm me mostrar cartas de seus pais censurando-os por terem abraçado uma maneira diferente de se ligarem a Deus. Uma mãe escreveu: "O lago de fogo e enxofre está esperando por você. Você abandonou a fé dos seus pais e, por isso, será amaldiçoada. O inferno está esperando por você. Volte para a verdadeira fé." Eu sempre explico que eles não devem guardar mágoa de seus pais, porque estão escrevendo a partir do ponto de vista da ignorância, do medo ou da superstição. São vítimas de anos de lavagem cerebral e hipnotismo.

Essas pessoas não escrevem pensando em amor, paz e harmonia, porque, quando amamos alguém, não queremos vê-lo queimando no inferno por toda a eternidade. Só quem vive com um horrível estado de espírito teria coragem de desejar tanto mal a uma pessoa da sua família. Como não encontrar alegria em saber que um filho ou filha encontrou a paz, harmonia e amor, algo que lhe deu força, poder e um novo amor pela vida? Diz a Bíblia: "Eles têm olhos e não vêm; têm ouvidos e não ouvem."

Existem muitas pessoas que têm a mente fechada, que não querem mais da vida do que comer, beber, tomar cerveja e assistir

AUMENTE O PODER DO SEU SUBCONSCIENTE
PARA DESENVOLVER A AUTOCONFIANÇA E A AUTOESTIMA

televisão. Ora, isso não é viver. A vida é uma dádiva de Deus e estamos aqui para expressar os mais belos sentimentos, para progredir, para dar vazão ao esplendor encarcerado dentro de nós. Estamos aqui para fazer do mundo um lugar melhor para morar e cada um deve contribuir com seu talento específico, que pode ser um talento para a música, ciência, medicina, arte.

Fernão Capelo Gaivota foi expulso do seu bando por ter se tornado "diferente", e voou para morar sozinho nos rochedos distantes. O que o entristecia não era a solidão, mas o fato de as outras gaivotas recusarem-se a acreditar na glória dos voos que poderiam aprender. Você já enfrentou uma situação semelhante ao tentar explicar o poder da mente para parentes e amigos? Viu expressões de reprovação? Não ligue para isso, não lance suas pérolas aos porcos, como disse Jesus no Novo Testamento. Em suma, não tente converter os outros quando estão com a mente fechada, porque isso só causará ressentimentos. Quando eles estiverem prontos para ouvir, ouvirão.

Deus não tem pressa e espera por todos. Um mendigo, ladrão, assassino, um sacerdote, um filósofo, toda e qualquer pessoa despertará para ver a glória transcendente, que é Deus. A verdade será oferecida a todos os seres humanos, sem discriminação, porque a vida deles é Deus, e Deus é vida. Eu estou sempre ensinando essa verdade em meus livros, programas de rádio e sermões. Quem quiser, ouça. Costumo receber cartas de pessoas indignadas, me amaldiçoando com as penas do inferno, porque digo que o Salvador está dentro de todos nós, que somos nossos próprios salvadores, porque podemos moldar nosso destino, nosso futuro.

Novas ideias geralmente encontram resistência. Quando o automóvel começou a ser vendido em Dublin, na Irlanda, houve uma revolta popular porque os condutores de carruagem queriam

FERNÃO CAPELO GAIVOTA: OS PARALELOS COM O PENSAMENTO CIENTÍFICO

defender seus empregos. Muitas outras invenções foram recebidas com profunda desconfiança porque as pessoas tendem a lutar contra a verdade. E são elas mesmas que afirmam que vêm ouvindo essas verdades que eu defendo há dois mil anos. São criaturas que gostam de ir sempre à mesma igreja e cantar os mesmos hinos, sem procurar entender o que estão fazendo e se recusam terminantemente a aceitar que todas as verdades estão dentro de nós. Estamos aqui para reproduzir todas as qualidades e atributos de Deus, para glorificá-lo e desfrutarmos de sua companhia para sempre e não apenas para comer, beber e assistir televisão.

Fernão Capelo Gaivota descobriu que o tédio, o medo e a frustração são os responsáveis pela pequena duração da vida das gaivotas e, para seu desgosto, nenhuma delas se dispusera a enfrentar esses sentimentos. Um dia, viu chegarem duas gaivotas pequenas, voando com perfeição. "Quem são vocês?" Elas explicaram que tinham vindo para levá-lo para a sua casa. Fernão disse que fora expulso da sociedade das gaivotas e não tinha mais casa. "Sim, você tem um lar", afirmaram as recém-chegadas. Essas aves pequenas são a intuição, orientação, ideias criativas e inspirações que chegam a nós. Muitas pessoas, contudo, as empurram para o lado, sem noção de que devemos dar boas-vindas a esses pequeninos e honrá-los, porque são a voz do divino que sobe das profundezas subliminares da mente. Quem rejeita os murmúrios da presença de Deus se afoga no sofrimento e na frustração, ignorando a presença de Deus batendo na porta do seu coração, dizendo: "Deixe-me entrar." E o tempo todo essa voz diz: "Eu secarei tuas lágrimas, eu o curarei, eu o inspirarei para se elevar. Sou seu Pai eterno, sou o maior conselheiro, sou o Príncipe da Paz."

Fernão acaba se conscientizando de que o paraíso estava nele mesmo e que o mais importante na vida é tentar atingir a perfeição.

Na próxima dimensão que poderá conhecer a criatura avança de oitava em oitava, de glória em glória, de êxito em êxito, porque não existe fim para a glória. Ninguém pode ser menos amanhã do que é hoje, a vida não volta para trás, porque é um infinito desenvolvimento na direção do real. Aprenda a tocar um prelúdio de Rachmaninoff no piano e você o tocará muito melhor na próxima dimensão. Você jamais esgotará a glória e as belezas que estão no interior do seu ser, porque é aí que mora o infinito.

Escolhemos nosso próximo mundo pelo que aprendemos neste. Você está aprendendo alguma coisa? Aprenda tudo o que for possível sobre os tesouros de Deus, porque a única riqueza que você poderá levar para a próxima dimensão são as verdades eternas, o conhecimento, a sabedoria que adquiriu ao longo de sua vida nesta dimensão. Lembre-se de que os tesouros do céu estão em sua mente, onde nem a traça, nem a ferrugem poderão consumi--los, que nenhum ladrão pode invadir para roubá-los. Leve seu conhecimento de Deus, o amor divino, a fé e a confiança e você, sem dúvida, se encontrará com entes queridos, porque quando chegou a esta dimensão havia mãos carinhosas para segurá-lo.

O que é verdadeiro em um plano é verdadeiro em todos os outros. Fernão aprende que ninguém tem de viver mil vidas para chegar a esta, porque Deus está conosco. "Hoje estarás comigo no paraíso." Hoje, não amanhã, nem no mês que vem, porque estamos lidando com o ser eterno, sem tempo nem espaço e na mente não existe qualquer sentido de duração.

Quando você dorme, está na quarta dimensão, por isso a conhece bem e não tem por que temê-la. Às vezes, quando alguém está no seu leito de morte, vê e conversa com entes queridos já falecidos. Essa pessoa não está drogada ou delirando. Os que amamos e nos amam vêm nos ajudar na travessia.

FERNÃO CAPELO GAIVOTA: OS PARALELOS COM O PENSAMENTO CIENTÍFICO

Fernão Capelo Gaivota recebe a visita de uma gaivota mais velha e muito sábia, que lhe ensina que o céu não é um lugar, não é uma hora. O reino dos céus é a mente em paz, o Espírito dentro dele. "Pai nosso, que estás no céu." O reino de Deus está dentro de nós. Chang, o visitante vindo de uma outra dimensão também ensina que a velocidade perfeita que Fernão tanto buscava é a capacidade de ir e voltar para a próxima dimensão.

Quando você pensa numa pessoa amada, pode encontrar-se com ela, esteja ela na Bélgica, França ou África do Sul, porque a mente é onipresente e não limitada pelo corpo tridimensional. A pessoa plenamente desenvolvida em termos espirituais, iniciada, iluminada e inspirada, pode ir para a próxima dimensão, para outro mundo, outro planeta e viver lá por algum tempo, porque o Todo-poderoso, que tudo cria, lhe dá um corpo físico adequado para as condições de vida, como a atmosfera e gravidade desse local. Nas outras dimensões, as viagens são feitas somente por meio do pensamento, o viajante vai para onde deseja estar e qualquer comunicação é feita com o pensamento. Ele pode estar em qualquer lugar no tempo e espaço, porque ele é espírito e o espírito é onipresente.

Você, como ser espiritual que é, pode deixar seu corpo tridimensional a qualquer momento, desde que esteja preparado para isso. Verá seu corpo deitado numa cama ou sofá, e terá plena capacidade táctil ou auditiva. Que é você agora? Está morto? Não, você continua sendo a mesma pessoa e continua tendo um corpo. Entretanto, ele é um organismo quadridimensional, rarefeito, que pode atravessar portas fechadas e ignorar as noções de tempo e espaço da terceira dimensão. Você é espírito e jamais deixará de ser espírito, porque o espírito nunca nasceu e nunca morrerá.

Não existe morte. Um bebê que aparentemente morre no ventre da mãe continua vivendo como uma nota tocada na grandiosa sinfonia de toda a criação. Ele cresce e se expande porque ao passar para outra dimensão é recebido por seres carinhosos, entes queridos ou outros mestres que o ensinarão a viver nesse novo mundo. Quando a mãe e o pai fizerem a travessia, encontrarão seu filho crescido e plenamente desenvolvido nessa nova dimensão.

Não devemos pensar na morte como um fim, mas como um recomeço, como um novo nascimento em Deus. Por isso, festeje o dia do nascimento do seu ente querido que acaba de falecer. O corpo terrestre ficou para trás. Há corpos terrestres e corpos celestes, e a glória de um é diferente do outro. Aqui, somos nascidos com a imagem e semelhança do que pertence à terra, mas na outra dimensão seremos a imagem e semelhança do celeste. Portanto, não existe fim em nossa vida, porque a vida em si é avanço, progresso, crescimento.

Jamais, mesmo que se passasse uma eternidade, um ser humano poderia esgotar as maravilhas e glórias que estão no âmago do seu ser. Por isso, não dê atenção ao negativo, não ame o ódio e o mal. Pratique ter sempre pensamentos positivos, para ver o verdadeiro eu de cada pessoa deste mundo. Veja Deus em sua mulher, marido, filhos, pais, vizinhos, colegas de trabalho, porque quando o amor entra, tudo o que é diferente dele é expulso.

Encare o mundo com compreensão e desejo de conhecimento. Descubra o que você já sabe e esforce-se para melhorar sua capacidade de voo para, como Fernão Capelo Gaivota, perseverar no seu caminho para a perfeição.

FERNÃO CAPELO GAIVOTA: OS PARALELOS COM O PENSAMENTO CIENTÍFICO

Resumo do Capítulo

- Na terapia da prece, você precisa elevar sua conscientização para poder se distanciar do problema que o aflige. Afaste sua atenção do problema e concentre-se tranquilamente na suprema inteligência, no infinito poder e na infinita presença, que conhece todas as soluções. Você se eleva para um estado de conscientização elevado, e a resposta virá.

- Somos todos diferentes, criaturas únicas. Não há impressões digitais, sistemas digestivos iguais, ideias iguais ou aspirações iguais. Deus jamais se repete na sua criação.

- Milhões não se dão conta do fato de que nosso pensamento é criativo. O que você sente, atrai; o que imagina, se materializa. Existe uma suprema inteligência no seu interior e nós a chamamos de Deus. Ele atende seus desejos e pensamentos. Qualquer ideia acompanhada de emoções e sensações, seja boa ou má, que você grava no subconsciente se concretiza como forma, função, experiência e evento.

- Não aceite nem se comprometa com qualquer coisa que seja negativa. Insista no seu direito divino de ter o melhor, e o melhor virá a você. Se fez promessas de aceitar a mediocridade, não hesite em quebrá-las, porque não existe nada bom demais para ser verdade, nada tão maravilhoso que não possa durar, porque o amor, a luz e glória do infinito são sempre as mesmas, ontem, hoje e eternamente.

- Existe um poder imenso em seu ser, um poder místico, que muitos descobriram ao longo dos milênios, como Buda, Zoroastro e tantos outros homens santos. Essa presença divina pode tirá-lo de um leito de hospital, afastá-lo da pobreza, confusão, carência e frustração, e conduzi-lo para a estrada maravilhosa da felicidade, paz de espírito e liberdade. Aqui e agora, porque esse poder está aqui para você usá-lo. Nada o obriga a ser mais um na multidão.

- Você tem uma mente, um poder no âmago do seu ser. Quando é usado de maneira construtiva, os homens o chamam de Deus, Alá, Brahma, saúde e felicidade. Usado de maneira negativa, com ignorância, estupidez, maldade, crueldade, recebe o nome de satã, demônio, diabo, o devorador, adversidade, miséria, sofrimento, insanidade etc.

- Não devemos pensar na morte como um fim, mas como um novo nascimento em outra dimensão. Rejubile-se com o primeiro dia de vida de um ente querido que acaba de falecer. Existem corpos celestiais e terrestres, mas a glória de um é diferente do outro. Aqui, somos a imagem e semelhança do que é terrestre; na outra dimensão, seremos a imagem e semelhança do que é celestial. Não existe fim para a nossa glória. Não existe fim para nós, porque a vida não se acaba, é um eterno crescimento.

CAPÍTULO 12
A religião e a servidão imposta à mulher

Por que dedicar um capítulo inteiro de um livro sobre autoconfiança e autoestima às mulheres? Infelizmente, ainda há muitas pessoas que acham que as mulheres são inferiores aos homens e que a Bíblia ordena que elas tenham uma posição secundária no mundo. Acreditando nisso, muitas mulheres aceitaram um lugar inferior na vida familiar e sofrem de baixa autoestima. Esse tema está se tornando mais atual à medida que mais igrejas e sinagogas decidiram ordenar mulheres como sacerdotes.

Uma mulher veio me procurar muito nervosa. Acreditava firmemente que fora chamada por Deus para ser ministra da sua igreja, mas seu pai recusava-se a aceitar a ideia e citava a Bíblia para provar que Deus era contra mulheres no clero. "Como se faz em todas as igrejas dos santos, as mulheres guardem silêncio nas reuniões. Não lhes é permitido tomar a palavra, mas que sejam submissas, como também diz a lei. Se desejam informar-se sobre algum assunto, perguntem aos seus maridos, em casa. Pois não fica bem para a mulher falar numa reunião." (1 Co 14, 34).

Essa interpretação literal da Bíblia manteve as mulheres em um lugar de servidão por milhares de anos. O pai da moça estava lendo a Bíblia ao pé da letra, o que é uma tolice. A Bíblia é um drama psicológico e espiritual, que acontece na consciência dos seus leitores. Ela não trata de questões doutrinárias e conceitos teológicos, que os teólogos inventam segundo a sua própria mentalidade.

AUMENTE O PODER DO SEU SUBCONSCIENTE
PARA DESENVOLVER A AUTOCONFIANÇA E A AUTOESTIMA

A palavra "igreja", na Bíblia, não se refere a um prédio, seita religiosa ou denominação. O termo grego *ekklesia* significa uma assembleia, um lugar onde há o chamado ou a extração da sabedoria, verdade e beleza das profundezas do subconsciente, um agregado de ideias espirituais em sua própria mentalidade. Para entrar na igreja, *ekklesia* de Deus, é preciso adotar uma nova atitude mental e perceber que Deus é Espírito, e que você é uno com esse Espírito.

A grande maioria das pessoas lê a Bíblia de maneira literal, esquecendo-se do espírito ou real significado. Por isso, existem diferentes interpretações das escrituras, com o objetivo de fortalecer certos credos e dogmas, o principal motivo da existência de inúmeras igrejas ou seitas existentes na atualidade.

A verdadeira igreja está dentro de você mesmo e não é feita de credos, rituais, fórmulas ou cerimônias, e também não está contida em estruturas de madeira, mármore ou pedras. O seu coração, seu *self* subjetivo, é o templo do Deus vivo, porque Eu sou, a presença de Deus, habita em suas profundezas subjetivas. Existe uma única verdade e o espírito da verdade o levará para ela. Existe um único poder, não dois, três ou mil, e ele é o Senhor, teu Deus, o único Deus que existe.

Volte-se para o Espírito dentro de você, que é Deus, e peça por luz e inspiração. Todos os diferentes credos e dogmas desaparecerão e você encontrará a verdadeira igreja em seu interior — a presença de Deus.

Quando a Bíblia fala de homens e mulheres, ela está se referindo à interação entre mente consciente e subconsciente, que representa a união do racional e do subjetivo. Todos nós somos ao mesmo tempo macho e fêmea, e a mulher é o subconsciente, onde habita a infinita inteligência e ilimitada sabedoria de Deus. A mente racional, o homem, é usada para transmitir a orientação e inspiração que vem do fundo do nosso ser.

A RELIGIÃO E A SERVIDÃO IMPOSTA À MULHER

Esse procedimento não tem nada a ver com sexo ou com o fato de você ser homem ou mulher. A Bíblia diz que todos são machos e fêmeas no sentido de que todas as pessoas possuem a mente racional e o subconsciente. Nada mais simples. Deus não é autor de confusão, mas de paz.

Para orar cientificamente por outra pessoa, você aquieta a mente racional e fica imóvel e passivo. Não tenta fazer acontecer alguma coisa; você procura resultados, mas não pode forçar o subconsciente a obedecer seus decretos. Ele responde de acordo com sua convicção sobre a infinita presença curadora que está em todos os seres humanos. Nunca diga: "John ou Mary está melhor agora. Seu nervosismo está desaparecendo, seu coração bate tranquilo", porque isso são sugestões, não uma verdadeira certeza. Se você está orando por Betty Jones, por exemplo, afirme:

Betty Jones é parte da mente divina. Deus habita dentro dela e Seu rio de paz satura sua mente e Seu amor enche sua alma. Deus é, e Sua presença flui através dela, revigorando, curando e restaurando seu corpo e espírito para a inteireza e perfeição. Dou graças pela cura divina que está acontecendo nela agora.

Nesse processo de oração, você primeiro identificou a presença divina em Betty e afirmou que o que é verdadeiro para Deus é verdadeiro para ela. Se depois do seu tratamento espiritual, você experimentou uma sensação de paz ou satisfação, ou percebeu que foi o melhor que poderia ter feito no presente, pare com a mentalização e só volte a orar quando sentir vontade. É importante entender que na próxima vez que você orar por Betty, deverá fazê-lo como se fosse a primeira vez. Se tivesse terminado o primeiro tratamento com uma frase como: "Isto vai servir até eu poder orar de novo", estaria inutilizando sua prece.

AUMENTE O PODER DO SEU SUBCONSCIENTE
PARA DESENVOLVER A AUTOCONFIANÇA E A AUTOESTIMA

Pouco a pouco ou imediatamente, a ideia da perfeita saúde e vitalidade será ressuscitada em Betty, porque você falou diretamente com seu ser superior e o que sentiu como verdade para ela, foi captado por ela. Então, neste caso, quando você orou estava em silêncio dentro da sua própria igreja, não precisou que ninguém lhe explicasse que Deus é o autor da paz e saúde, e não da doença e confusão.

A mente subconsciente não fala como a mente racional. Ela medita na inteireza, beleza, perfeição e só responde de acordo e convicção da mente consciente. É por isso que a Bíblia diz que "às mulheres não se permite a palavra". Essa negativa, como é fácil entender, não tem nada a ver com a mulher pessoa, mas refere-se à mente mais profunda.

O subconsciente fala em símbolos, alegorias, sonhos e visões extrassensoriais, a mente racional interpreta essa linguagem e é a porta-voz da mente mais profunda. Aarão e Moisés representam o subconsciente e o consciente. A Bíblia conta que Aarão falava por Moisés, porque este tinha uma deficiência. Em outras palavras, a mente subconsciente não fala com você como a consciente. Ela responde suas preces por meio de mensagens sob a forma de intuições, visões, sonhos, alegorias, símbolos, às vezes, em números e criptogramas.

Quando a Bíblia diz, ainda falando sobre as mulheres na igreja, "...se desejam informar-se sobre algum assunto, perguntem aos seus maridos, em casa", devemos entender que Deus é o marido e que você deve voltar-se para a infinita inteligência que mora em seu ser para pedir orientação, ação, inspiração e direção.

Você não deve se impregnar com pensamentos negativos, medos e falsas crenças sobre o mundo. Pelo contrário, entronize em sua mente as ideias e verdades eternas similares às de Deus, porque enquanto sua mente racional está ocupada com esses pen-

A RELIGIÃO E A SERVIDÃO IMPOSTA À MULHER

samentos construtivos, o subconsciente responderá de acordo. Isso se aplica a todos os seres humanos, sejam homens ou mulheres. Depois que ouviu essa explicação sobre o trecho da Bíblia que o pai leu ao tentar contrariar seu desejo, a moça da qual falei na abertura do capítulo rejeitou completamente a falsa interpretação e decidiu seguir sua vocação e ser ministra da igreja.

Por sorte, atualmente a Bíblia está sendo ensinada partindo do ponto de vista espiritual ou esotérico e, por isso, as mulheres vêm se libertando das interpretações ignorantes e falsas das escrituras. "Homem e mulher, Ele os criou." (Gn 1, 27) As mulheres do mundo ocidental são as que (aparentemente) gozam do maior nível de liberdade. A completa emancipação, tanto em termos espirituais, mentais, físicos e financeiros já está no horizonte.

Ao longo dos milênios, o homem, em sua ignorância, se aproveitou de uma diferença biológica da mulher. Ela dava à luz os filhos e dedicava seus melhores anos à sua criação, enquanto os homens tinham mais tempo livre para cuidar do seu próprio engrandecimento intelectual e espiritual, e a desculpa para fazer dela um ser inferior.

Muitas religiões interpretaram mal a alegoria do Jardim do Éden para justificar a sujeição das mulheres. "Teus desejos a arrastarão para teu marido e ele te dominará." (Gn 3, 16) Nada é mais idiota do que aceitar essa afirmação ao pé da letra. Todavia, em termos psicológicos, ela é verdadeira, porque a mente consciente controla o subconsciente, e este é obediente e submisso às sugestões da mente racional, o que é facilmente demonstrado através da hipnose.

No início da cristandade, houve um concílio dos primeiros padres da igreja em Alexandria. Por mais incrível que pareça, o propósito dessa reunião era decidir se as mulheres possuíam ou não uma alma. Houve uma votação e a presença da alma nas mulheres ganhou por apenas um voto de diferença!

AUMENTE O PODER DO SEU SUBCONSCIENTE
PARA DESENVOLVER A AUTOCONFIANÇA E A AUTOESTIMA

Que longa e imensa luta as mulheres enfrentaram ao longo dos séculos para ganhar um lugar digno de destaque na vida humana, mas na atualidade, muitas se salientaram na arena política, tendo se tornado presidentes ou primeiras-ministras em países como Israel, Grã-Bretanha, Filipinas, Índia e Paquistão. Em muitas regiões dos Estados Unidos há governadoras, prefeitas, senadoras e representantes do Congresso, e nada nos impede de pensar que no futuro poderá haver uma presidente do país.

Estamos começando a ver muitas mulheres como membros do clero nas igrejas protestantes, como na Igreja Episcopal. Há rabinas em certas congregações judaicas e em muitos seminários protestantes e da Reforma Judaica quase metade dos alunos é constituída de mulheres. O movimento Novo Pensamento, desde a época de Phineas Parkhurst Quimby, em 1847, sempre teve mulheres ministras na Igreja da Unidade, Ciência Religiosa, Ciência da Mente, Ciência Divina, Church of Truth e nos seus outros ramos, e atualmente elas são maioria no movimento como um todo.

Certamente houve muitas mulheres ao longo dos séculos que se tornaram famosas pelo seu brilho intelectual e, no caso de aba- dessas e superioras de conventos, pela sua iluminação espiritual, superando em muito os homens de sua época. Em todos esses casos, os homens sempre ficaram assustados e procuraram cortar essas carreiras pela raiz. Mesmo nos dias de hoje, quando uma mulher erudita ou executiva se distingue, não faltam colegas homens decididos a "cortar suas asinhas". Se todos eles tivessem conhecido a verdade, ficariam felizes em ver mulheres se elevando e estimulando outros a se elevar no aspecto intelectual e, principalmente, espiritual, progredindo na direção de Deus. O homem conseguiu dominar a mulher pelo mau uso da sua mente e explorou-a por causa do seu papel biológico na vida da espécie.

A RELIGIÃO E A SERVIDÃO IMPOSTA À MULHER

As alegorias, como os sonhos, podem ser lidas e entendidas de diferentes maneiras e muitas têm mais do que uma interpretação. Adão e Eva, por exemplo, também representam a mente consciente e o subconsciente. A serpente que tentou a mulher é uma metáfora para os cinco sentidos, que nos enganam e tentam nos afastar da crença no poder único. O conhecimento que adquirimos por intermédio dos cinco sentidos não é suficiente para governar nossa vida, porque eles nos impregnam com todos os tipos de falsos conhecimentos, medos, dúvidas e sugestões negativas de todos os tipos.

Existem muitas maneiras de interpretar o Jardim do Éden, mas a verdade é que você é ele. Os quatro rios representam suas quatro naturezas, espiritual, mental, emocional e física, sendo também uma alegoria para os quatro sistemas fluidos do seu organismo: o cérebro-espinal, o sistema nervoso simpático, o sistema circulatório (corrente sanguínea) e o trato digestivo. A flora e a fauna do Jardim do Éden são a flora intestinal (vegetal) e a fauna (células, como animais independentes). Esse jardim é cuidado por um homem e uma mulher: a mente consciente e o subconsciente. Essa alegoria preocupa-se com o gênero, não sexo, tratando do relacionamento entre o princípio masculino e feminino que existe em todos nós.

Eva, o subconsciente, foi tirada da costela de Adão enquanto ele dormia; durante o sono, o subconsciente assume o controle de todos os processos vitais do organismo e chega mais perto do nível consciente; por isso, durante o sono podem surgir respostas disfarçadas em sonhos e até a solução completa para um problema extraordinariamente complexo. A caixa torácica, por sua vez, protege todos os órgãos vitais do corpo e a costela deve ser vista como um símbolo da natureza protetora e preservativa da mente subconsciente.

A costela também significa a estrutura ou modelo da ideia, ou plano que você tem em seu pensamento. Colocando emoção e entusiasmo nessa ideia, você está chamando Eva, o subjetivo e

233

emocional, que é o meio criativo. A emoção segue o pensamento, a ideia, a invenção na mente consciente. Essa é a justificativa que muitos encontram para o fato de na maioria dos povos do oriente a mulher caminhar sempre atrás do homem, carregando um fardo na cabeça ou costas, enquanto ele avança leve e tranquilo. As pessoas têm a mania de levar todas as histórias e lendas ao pé da letra, o que, naturalmente, é um absurdo.

Esse absurdo está em todos os povos, em todos os níveis de cultura. A Bíblia conta, por exemplo, que Eva foi amaldiçoada por ouvir a serpente e teve de se submeter ao homem. Ora, o subconsciente é dirigido pela mente racional (o marido) tanto nas situações boas como nas más, e Eva fez a tolice de ouvir a serpente, que significa as falsas crenças do mundo, as informações distorcidas vindas dos cinco sentidos. Em muitas culturas, a serpente é o símbolo da sabedoria e é mais um nome do princípio vital ou Deus, só que representa um Deus de cabeça para baixo, um conceito mórbido e distorcido da vida e do universo. Existe um único poder e, quando ele é usado de maneira construtiva, harmoniosa e pacífica, as pessoas o chamam de Deus, Alá, Brahma, bem-aventurança ou felicidade. Quando usamos esse poder de maneira ignorante, estúpida, maliciosa, ele recebe o nome de Satã, devorador, diabo, insanidade, medo, ignorância, superstição, doenças etc. O poder é um só. Como você O usa? O bem e o mal estão em sua mente, dependem do movimento da sua mente, dos seus pensamentos.

Suponha que você pretende visitar um doente e se preocupa com a ideia da enfermidade ser contagiosa. Onde está o mal, o diabo? Está na sua própria mente. Mate esse pensamento negativo, elimine-o e afirme: "O Espírito em mim é Deus. Ele é o eterno, o poderoso, o onisciente e não pode ser contagiado nem adoecer. Ele é onipotente, supremo." Essa é a atitude que o protegerá de qualquer mal.

A RELIGIÃO E A SERVIDÃO IMPOSTA À MULHER

Eu disse anteriormente que uma alegoria é uma representação de um significado espiritual por meio de ideias materiais, concretas, é um tratamento figurativo de um assunto sob o disfarce de outro.

Quando eu era menino, perguntei a um padre da minha igreja onde ficava o Jardim do Éden e ele me respondeu que ficava entre os rios Tigre e Eufrates, na Mesopotâmia, e me disse para eu parar de perguntar sobre essas coisas. A verdade é que nunca existiu esse lugar, e a árvore do bem e do mal está dentro de nós. A alegoria é verdadeira em termos psicológicos. Todos nós recebemos instruções e ideias, boas ou más, falsas e verdadeiras quando éramos muito pequenos e impressionáveis, e nossa mente, ainda maleável, as aceitou sem contestar. Como sementes, muitas dessas ideias lançaram raízes e tornaram-se fixações mentais, tanto boas como más. Algumas, talvez baseadas em medo e preconceitos, tornaram-se fobias e ideias fixas. Outras foram geradas pelo aprendizado da Regra de Ouro e germinaram em pensamentos de honestidade, integridade, bondade, benevolência etc. Portanto, a árvore do bem e do mal está dentro de nós.

Crenças decorrentes do aprendizado da Regra de Ouro são boas, mas a ideia de que um Deus cruel vai castigá-lo porque você não a pôs em prática, é uma falsa crença. Nossas crenças religiosas nos foram dadas quando éramos crianças, e essas se- mentes plantadas em solo jovem e fértil deram frutos da espécie que foi plantada. As guerras religiosas da atualidade são exemplo dos frutos maus, gerados por preconceitos e falsas crenças. A árvore do bem e do mal é nossa própria mente, porque nela coexistem o bem e o mal, causando os inúmeros problemas e confusão que tanto prejudicam o mundo em que vivemos.

Repito que, na Bíblia, "homem" é a mente consciente, racional, e "mulher" o subconsciente. Este, de fato, serve o consciente com toda a fidelidade, aceita suas convicções — suas ordens — predominantes.

AUMENTE O PODER DO SEU SUBCONSCIENTE
PARA DESENVOLVER A AUTOCONFIANÇA E A AUTOESTIMA

Entretanto, ele não responde à coação ou esforço mental, mas atende quando você emprega sua persuasão, sua natureza amorosa e racional, e repete muitas vezes a instrução para que a "mulher" entenda o que você realmente deseja e trabalhe para materializar seu pedido.

O homem é a cabeça da mulher, diz a carta de Paulo, mas essa afirmação não está se referindo ao relacionamento entre um casal. Também, quando a Bíblia fala que o homem que ama sua mulher ama a si próprio e que os dois se tornarão uma só carne, está se referindo ao mistério de sua própria consciência, na qual convivem o consciente e o subconsciente, submetidos às leis estabelecidas por Deus. Não havendo briga ou desarmonia entre eles, suas preces serão atendidas.

Na Bíblia, o casamento significa a união dos pensamentos e das emoções, e quando eles se unem de maneira construtiva, geram os frutos do Espírito: amor, alegria, paz, abundância, segurança, felicidade, saúde e vitalidade. O verdadeiro casamento é o sentido de unicidade com Deus. Dizendo Eu sou, você está anunciando a presença e o poder divinos em seu interior. É um nome sem nome, que significa ser, vida e percepção.

Conversando com minhas congregadas sobre o papel da mulher nas sociedades, muitas lembraram que por milênios elas foram consideradas meras servas, inferiores aos homens, e uma delas contou que mesmo em tempos mais recentes, na terra dos seus avós, a mulher sempre saía da sala quando um homem chegava para visitar seu marido. É óbvio que existem centenas de explicações culturais e antropológicas para essa situação. Além disso, é muito disseminada a ideia de que o homem é o intelecto dominante, o guardião do portal da "casa" e deve proteger o subconsciente, a mulher, que aceita todas as crenças e os pensamentos de maneira submissa, sem nada contestar, e pode ser influenciada por ideias erradas vindas da mente das massas, o "visitante".

A RELIGIÃO E A SERVIDÃO IMPOSTA À MULHER

Quando a mente racional recebe em sua "casa" malfeitores, bandidos e assassinos, sob a forma de pensamentos hostis, maldosos e vingativos, sem tomar o devido cuidado, há o risco de essas ideias poluírem o subconsciente, que as materializará como transtornos físicos, mentais e financeiros.

Quando constrói uma casa, o pedreiro assenta os tijolos uns sobre os outros. Eles são iguais, mas o que está por baixo ocupa uma posição inferior, embora não seja inferior em utilidade ou importância para a estrutura da edificação. O mesmo acontece com sua mente. O consciente controla e domina o subconsciente, mas ambos são essenciais, não podem existir sozinhos. Quando o consciente impõe uma crença sobre o subconsciente, ela a alimenta e transforma em realidade. A "mulher" é quem dá à luz à criança, não o "homem".

Uma ouvinte dos meus programas de rádio escreveu-me dizendo que trabalhava como secretária em uma grande corporação e estava para se aposentar. Seu grande sonho era fazer uma longa viagem ao exterior, mas não tinha os meios financeiros para realizar seu desejo. Perguntou-me se a técnica que eu ensinava (ver-se em um navio, por exemplo, imaginando os eventos acontecendo no aqui e agora, procurando sentir o balanço da embarcação, o vento trazendo o cheiro do mar salgado, vendo a extensão da água em todos os lados do navio, a ponto de no fim da meditação e ao abrir os olhos surpreender-se por não estar no mar, um sinal certo de que a ideia foi enraizada no subconsciente e se tornará realidade) funcionaria no seu caso, porque não tinha como conseguir o dinheiro necessário nem parentes ou conhecidos que pudessem emprestá-lo.

Incentivei-a a usar a técnica e, no terceiro dia de prática, ela adormeceu afirmando: "Viagem, viagem, viagem." Acordou no dia seguinte sem nenhuma vontade de continuar a meditação (o que significa que havia sido bem-sucedida em gravar a ideia em seu subconsciente). A sequência de eventos foi interessante. Quando estava conversando com o chefe da contabilidade da empresa sobre os trâmites da sua aposentadoria, ficou sabendo que tinha o direito de fazer um empréstimo descontado em folha e a juros minúsculos para usar da maneira que quisesse. É óbvio que ela realizou seu sonho, fazendo uma viagem de um mês a bordo de um transatlântico.

Deixar-se envolver pela mágoa ou pelo rancor, ou pelo desejo de se vingar faz com que o subconsciente reaja de maneira negativa e destrutiva. Pesquisas modernas, conduzidas por médicos especializados em medicina psicossomática, indicam que existem muitas emoções destrutivas em pacientes com câncer. Um dos pioneiros nessa área, o Dr. Carl Simonton, oncologista (a ciência dos tumores), escreveu em um artigo: "Algumas características de personalidade do paciente com câncer, que outros cientistas indicaram não ser comuns em pessoas sãs, são a tendência a guardar ressentimentos e a dificuldade de expressar hostilidade, a de sentir piedade de si próprio, incapacidade de desenvolver e manter relacionamentos satisfatórios e duradouros, baixa autoestima, mais uma sensação básica de rejeição, por parte de um ou dos dois progenitores."

Se você não governa, controla ou dirige sua vida emocional, o subconsciente aceitará a enorme quantidade de pensamentos negativos, temores, previsões de desgraças e de fim do mundo com os quais somos bombardeados dia e noite. Essas emoções irracionais o impelirão para ações e reações negativas.

Pratique um relacionamento harmonioso, sincronizado e alegre entre a sua mente consciente e o subconsciente, e este trará à luz a saúde, paz, força e segurança. Quando os dois se fundem, seu coração se torna um cálice para receber o amor de Deus, uma manjedoura para acolher Deus na terra. Nesse sentido, a terra é o seu corpo, seu ambiente e todas as fases da sua vida.

A RELIGIÃO E A SERVIDÃO IMPOSTA À MULHER

Resumo do capítulo

- As palavras "homem" e "mulher" na Bíblia muitas vezes são metáforas para "consciente" e "subconsciente". Todos temos o princípio masculino e o feminino dentro de nós.
- Homens e mulheres são iguais aos olhos de Deus: "Homem e mulher Ele os criou."
- Você não deve se impregnar com pensamentos negativos, temores e falsas crenças sobre o mundo. Entronize as verdades eternas e as ideias similares às de Deus em sua mente consciente (o "homem") e a "mulher", o subconsciente, dará à luz os frutos desse casamento, a paz, saúde, felicidade, segurança etc.
- Existe um único poder. Quando ele é usado de maneira construtiva, é chamado de Deus, Brahma, Alá, bem-aventurança, felicidade. Se ele é empregado com ignorância, estupidez, maldade, recebe o nome de satã, o devorador, diabo, loucura, terror e doença. O poder é um só, e o mal só existe porque é um movimento do seu pensamento.
- Homem e mulher não devem ser vistos apenas como corpos, porque somos seres mentais e espirituais. O corpo é um veículo e a representação dos nossos pensamentos, emoções, imaginação e crenças.
- Pratique um relacionamento harmonioso, sincronizado e alegre entre sua mente racional e o subconsciente, e os frutos desse "casamento" serão saúde, paz, força e segurança. Quando eles se fundem, a paz de Deus toma conta da sua mente e você vivencia a alegria de ter sua prece atendida. Faça com que seu coração seja um cálice para se encher do amor de Deus e uma manjedoura para acolhê-lo em sua vida.

Este livro foi composto na tipografia
Adobe Garamond Pro em corpo 11/15, e impresso
em papel Polen Soft no Sistema Cameron da
Divisão Gráfica da Distribuidora Record.